A Prosa Vanguardista na Literatura Brasileira: Oswald de Andrade

Coleção ELOS
Dirigida por J. Guinsburg

Equipe de realização — Tradução: Heloisa Nascimento Alcantara de Barros e Maria Lucia Prisco Ramos; Revisão de texto: Haroldo de Campos e Heloisa Nascimento Alcantara de Barros; Planejamento visual: A. Lizárraga; Produção: Plinio Martins Filho.

Kenneth D. Jackson

A Prosa Vanguardista na Literatura Brasileira: Oswald de Andrade

EDITORA PERSPECTIVA

Copyright © Editora Perspectiva, 1978

Direitos em língua portuguesa reservados à
EDITORA PERSPECTIVA S.A.
Av. Brigadeiro Luís Antônio, 3025
01401 — São Paulo — Brasil
Telefone: 288-8388
1978

SUMÁRIO

    Apresentação 7
1. Introdução à Prosa Vanguardista 9
2. A Arte da Sátira nas *Memórias Sentimentais de João Miramar* 19
3. *Serafim Ponte Grande* e a Revolta Antropofógica 65

APRESENTAÇÃO

Kenneth David Jackson, jovem professor do Departamento de Espanhol e Português da Universidade do Texas em Austin, pertence a uma nova geração de estudiosos norte-americanos da literatura brasileira que já não mais se contenta com a imagem convencional de nossa cultura, veiculada por certa crítica e historiografia de pendores acadêmicos, avessa a tudo o que é novo e antinormativo, e que até não faz muito pesava inibitoriamente sobre os estudos de nossas letras no exterior, cerceando-lhes as vias de compreensão relativamente a alguns dos aspectos mais revolucionários de nossa produção imaginativa em prosa e poesia.

Daí por que, e significativamente, sua tese de doutoramento, defendida junto à Universidade de Wisconsin, em Madison, sob a orientação aberta e estimulante do saudoso poeta, crítico e professor Jorge de Sena, em 1972, tenha sido devotada a Oswald de Andrade, sob o título *Vanguar-*

dist prose in Oswald de Andrade. Parte nuclear dessa tese, os capítulos dedicados aos romances-invenções *Memórias Sentimentais de João Miramar* e *Serafim Ponte Grande,* precedida de um excurso sobre a prosa vanguardista em termos de literatura comparada, constitui o volume ora oferecido pela Editora Perspectiva em sua coleção ELOS.

Aliando o gosto pela pesquisa com um senso crítico atilado e arguto, Kenneth David Jackson dá-nos uma leitura ágil e envolvente das duas obras-primas oswaldianas, que, juntamente com o *Macunaíma* de Mário de Andrade, configuram o legado fundamental de nossa prosa modernista (uma "trilogia virtual escrita por dois autores, que a vida separou, mas se reconciliam não apenas pelo acaso dos sobrenomes e pelo papel de liderança em nosso Modernismo, mas por esses três livros de certa forma irmãos, congeniais", — como escrevi em *Morfologia do Macunaíma,* Perspectiva, 1973).

Tanto mais oportuna se torna a publicação desse trabalho entre nós, na esteira da revisão da obra oswaldiana aberta com a reedição das *Memórias Sentimentais de João Miramar,* em 1964, quanto é significativo assinalar que ao mesmo Kenneth David Jackson (em colaboração com outro jovem professor da Universidade do Texas, Albert Bork) se deve uma cuidadosa tradução, para o inglês, do *Serafim Ponte Grande,* já concluída e a ser em breve publicada nos Estados Unidos. Por essa via, o labor interpretativo do crítico se duplica em apaixonada atividade re-criadora no plano sígnico da informação estética.

Haroldo de Campos
São Paulo, 1978

1. INTRODUÇÃO À PROSA VANGUARDISTA

O movimento de renovação artística no Brasil que ficou conhecido como Modernismo, à semelhança de muitos movimentos brasileiros que o precederam, seguiu de perto os passos da literatura européia. Muitos artigos e teses recentes vêm explorando a relação do movimento modernista brasileiro com a vanguarda européia do início do século XX numa tentativa de esclarecer o papel da Europa na origem e no desenvolvimento do Modernismo no Brasil [1]. Mas em vista do pequeno número de estudos precisos sobre o próprio Modernismo e também porque as comparações traçadas entre tendências ou personalidades têm se mostrado, com freqüência, exageradas ou enganosas, a natureza essencial desta relação não está ainda bem compreendida. Embora o Modernismo brasileiro se tenha cristalizado na Semana da Arte Moderna de São

---

1. Ver, por exemplo, *Blaise Cendrars no Brasil e os Modernistas*, de ARACY AMARAL (São Paulo, Martins, 1970); ALEXANDRE EULÁLIO, "L'aventure brésilienne de Blaise Cendrars", *Études Portugaises et Brésiliennes* (Travaux de la Faculté de Lettres de Rennes, 1969), pp. 19-55; "A Prosa Vanguardista em Oswald de Andrade", KENNETH DAVID JACKSON, Diss. U. Wisconsin, 1973; JOÃO ALVES DAS NEVES, "Modernismo em Portugal e no Brasil" Temas Luso-Brasileiros; GILBERTO MENDONÇA TELES, *Vanguarda européia e o Modernismo brasileiro*, (Petrópolis, Vozes, 1971) e ERDMUTE WENZEL WHITE, "Oswald de Andrade et la Révolution des Lettres Brésiliennes", Diss. U. Texas, 1972.

Paulo, em fevereiro de 1922, não seguiu a linha do Dadaísmo ou do Surrealismo ainda que se possa observar um desenvolvimento paralelo em suas cronologias. Nem dependeu da influência de escritores europeus que estiveram no Brasil, tais como Blaise Cendrars, Paul Claudel ou Benjamin Péret [2]. O contato mais decisivo do Modernismo com a Europa se fez com a *avant-garde* do período anterior à guerra, especialmente em Paris, por ocasião das primeiras viagens, estudos, leituras e contatos feitos por muitos futuros modernistas. Anita Malfatti estudou em Berlim, o escultor Vitor Brecheret em Roma, Zina Aita em Florença, Yan de Almeida Prado em Viena e Paris e Emiliano di Cavalcanti, Vicente do Rego Monteiro, Oswald de Andrade e Tarsila do Amaral (que foi amiga de Picasso) viveram em Paris. Artistas europeus que vieram ao Brasil e participaram da Semana de Arte Moderna, como Wilhelm Haarberg de Munique e John Graz de Genebra, também tiveram influência [3].

O conceito francês de *avant-garde*, usado pela primeira vez em sentido literário durante os últimos anos do século XIX para designar artistas ou escritores parisienses que eram audaciosamente experimentalistas, no sentido de rejeitar ou zombar das tradições literárias ou acadêmicas, proporcionou aos brasileiros um exemplo vivo e recente das possibilidades de uma ruptura revolu-

---

2. Blaise Cendrars viajou ao Brasil, pela primeira vez, em 1924; Paul Claudel foi o embaixador francês no Rio de Janeiro e tinha como assistente Darius Milhaud; o poeta surrealista Benjamin Péret esteve no Brasil por volta de 1930 com Elisie Houston e, na época, ingressou no PCB.

3. Para uma breve apreciação das atividades e da importância de artistas europeus que participaram da "Semana de Arte Moderna" veja-se ARACY AMARAL, *Artes Plásticas na Semana de 22* (São Paulo, Perspectiva, 1970). Haarberg e Malfatti representam importantes contatos com o Expressionismo alemão, contatos esses que se refletiriam mais tarde na cor e nos temas das pinturas brasileiras.

cionária com o estilo organizado e o gosto tradicional. A idéia de vanguardismo com a qual os futuros modernistas travaram contato na França abrangia muitas tentativas de criar um tipo diferente de arte rompendo com convenções estabelecidas, abertamente audaciosas se não chocantes e "obscenas" [4]. Em 1888, as *Gymnopédies* de Erik Satie exibiram, na música, o humor irônico e absurdo que há em suas *Mémoirs d'un Amnésique*. O dramaturgo e romancista Alfred Jarry criou seu drama iconoclasta *Ubu-Roi* em 1896 e continuou a explorar a sátira, o humor absurdo e alucinações em prosa em *Le Surmale* e *Gestes et opinions du Dr. Faustroll, pataphysicien,* que devem ser consideradas como influências de primeira importância sofridas por Oswald de Andrade. Entre os movimentos anteriores a 1914, incluem-se o Unanimismo, o Imagismo inglês, os boêmios de Montmartre, Schoenberg e sua escola, o Dinamismo, o Cubismo e o Futurismo. No Brasil, os modernistas acolheriam essas tendência de *avant-garde* em sua própria revolta contra os ideais e modelos retóricos parnasianos, o "patriotismo ornamental" e a "retórica balofa e roçagante" que dominavam a literatura nacional [5].

---

4. O Prof. Jorge de Sena, em um artigo não publicado sobre o lugar de Rilke no contexto da poesia ocidental, distinguiu dois elementos convergentes do modernismo mundial na literatura. Um é a *avant-garde*, ilustrada por um escritor como Ezra Pound e composta de movimentos. Um outro, que se desenvolve a partir do pós-simbolismo, inclui poetas como Rilke e Yeats, e se baseia em personalidades. Os modernistas brasileiros seguiram preferivelmente os movimentos de *avant-garde* e suas técnicas do que personalidades específicas.

5. As citações são, respectivamente, de Antônio Cândido e de Paulo Prado. O termo "pré-modernismo" tem sido empregado por alguns autores como ALFREDO BOSI, *A Literatura Brasileira. O Pré-Modernismo* (São Paulo, Cultrix, 1967), para distinguir as duas primeiras décadas deste século. Contudo, a eficácia e acuidade desse rótulo são altamente questionáveis, uma vez que as principais tendências literárias desse período dão continuidade a estilos retóricos e descritivos do século XIX. As poucas possíveis exceções que in-

A aplicação de um estilo de *avant-garde* na arte e na literatura brasileiras só se tornou possível após um longo período de experimentação e graças à solidariedade social dos grupos modernistas (1917/1921). O crítico Tristão de Athayde descreveu nos seguintes termos a oposição que os primeiros modernistas enfrentaram:

> O fato é que, em 1920, eram os velhos que dominavam, eram as formas antigas que se repetiam, era o passado e a estagnação que davam as cartas [6].

Num clima de servidão intelectual, os inícios desse movimento heterogêneo, por volta de 1917, foram a princípio individuais e informais como Oswald de Andrade enfatizou em uma de suas ulteriores considerações sobre o movimento:

> Quereis saber com certeza como é que se produziu a Semana de 22? Vou dizer: Antônio foi a casa de Paulo que o levou ao quarto de José que lhe mostrou os versos de Pedro que lhe contou que João era um gênio e que Carlos pintava. E saíram todos, para descobrir Maricota. Apenas, esses indivíduos, entre outros, chamavam-se Di Cavalcanti, Heitor Villa-Lobos, Anita Malfatti [7].

Enquanto os modernistas não tinham qualquer programa estético ou ideologia, iam lendo fartamente os *ismos* europeus. A biblioteca de Mário de Andrade mostra que todos tinham conhecimento da poesia e da prosa

---

dicam novas tendências, de que seus autores não tinham, aliás, conhecimento, podem ser encontradas nas sátiras sociais de Lima Barreto e na prosa regionalista de autores como: Simões Lopes Neto, Waldomyro Silveira e Darci Azambuja.

6. ALCEU AMOROSO LIMA, *Quadro sintético da Literatura Brasileira*, Rio de Janeiro, Agir, 1965.
7. OSWALD DE ANDRADE, *Informe sobre o Modernismo*, manuscrito não publicado.

portuguesas e das revistas européias que representavam os diversos movimentos. No contexto ulterior da Semana da Arte Moderna, esse *background* europeu proporcionou aos modernistas meios de expressar temas ou caracterizações nacionais através de métodos inovadores de composição. Na Europa, ao contrário, a *avant-garde* representava interesses que iam além do nacionalismo, numa tentativa de expressar temas universais. Poder-se-ia dizer, com certa ironia, que os modernistas brasileiros apoiaram-se na *avant-garde* européia no que tange às técnicas com que declararam sua independência dos estilos e idéias importadas da Europa, ao mesmo tempo em que desenvolveram temas nacionais ou folclóricos que não eram, de modo algum, vanguardistas por si mesmos. Assim, qualquer avaliação das obras modernistas deve, certamente, levar em consideração duas direções essenciais: em primeiro lugar, o nacionalismo crítico resultante de uma observação mais precisa da vida brasileira e, em segundo lugar, a necessidade que tinham os modernistas de estilos de escrever inovadores e contemporâneos através dos quais pudessem expressar sua nova consciência da realidade.

De um ponto de vista literário, o ano de 1912 representa o mais celebrado contato do Modernismo com a Europa através da viagem de Oswald de Andrade ao continente europeu, embora escritores mais preeminentes como Paulo Prado e Graça Aranha tivessem tido contatos anteriores com Paris. Quando Oswald de Andrade chegou lá — ainda um jovem de vinte e dois anos — entrou em contato pela primeira vez com os movimentos maduros da *avant-garde* nas artes que mais tarde difundiria no Brasil. Contudo, é importante chamar a atenção para o fato de que Oswald esperaria ainda uns dez anos antes de empregar qualquer das técnicas desses movimentos. Em suas lembranças de Paris, dá a entender que teve contato com o trabalho de Erik Satie, Alfred Jarry, Cocteau, Picasso, e também com o de Stravinski e o de Marinetti, que, na época, viviam e trabalhavam em Paris. Oswald teve oportunidade de ler os futuristas italianos em francês *Le Futurisme: Théorie et Mouvement*, de Marinetti, (escrito em 1911), *Les Peintres Cubistes* de Apollinaire (1912) e os romances de Jarry. Em artigos ulteriores, fala de seu entusiasmo pela poesia do futurista Govoni, assim como pela dos poetas franceses Paul Claudel e Charles Vildrac [8]. De volta ao Brasil, Oswald fez esforços para popularizar a obra de poetas franceses que, segundo ele, empregavam o verso livre (Paul Fort), o simultaneísmo usado pelos pintores cubistas, a prosa e a poesia dos futuristas italianos e as técnicas de documentário e as cinematográficas, particularmente quando aplicadas à literatura. Por volta de 1921, os artigos de Oswald no *Jornal do Commercio* referem-se aos poetas Claudel e Vildrac e ao futurista Govoni como inovadores. Talvez Oswald tivesse, já a esta altura, conhecimento do romance picaresco do futurista Ardengo Soffici, *Lemmonio Boreo* (1912) bem como de seu *Giornale di Bordo* (1915). Embora, no que diz respeito ao seu sentido dos temas geográficos na poesia, Oswald pudesse ter sido influenciado pela leitura de *La Prose du Transsibérien* (1913) de Cendrars, seu contato continuado com o escritor suíço não começou a não ser em 1924, depois que

---

8. OSWALD DE ANDRADE, *Um Homem sem Profissão*, Rio de Janeiro, José Olympio, 1954. Certamente Oswald manteve contato com a vanguarda através da leitura, embora só se possam fazer conjeturas sobre seus interesses nos anos seguintes.

Pau-Brasil já estava, no fundamental, escrito [9]. Com respeito ao Futurismo, a imagística sonora e visual dos romances de Oswald tem sido comparada à de *La Bataille de Tripoli* (1911/1912) de Marinetti, pelo emprego de recursos poéticos na prosa [10]. Do mesmo modo, os artigos de jornais usados nas colagens cubistas podem ter encorajado o estilo documentário a que recorrem, de maneiras diferentes, Cendrars, John dos Passos e Oswald. Em sua própria avaliação retrospectiva do Modernismo no Brasil, Oswald de Andrade tentou situar-se em uma linha de evolução quanto à forma literária que vai do poeta Mallarmé a Apollinaire e daí por diante:

a geometria nova/na forma tipográfica do poema/coup des dés/ Caligramas/Futurismo [11].

Pouca menção se tem feito ao papel do Futurismo português no desenvolvimento do Modernismo brasileiro. Um vínculo direto é representado pelo brasileiro Ronald de Carvalho, que, juntamente com Luís de Montalvor, ajudou a dirigir a revista *Orfeu* que, em 1915 [12], lançou o poeta Fernando Pessoa em Portugal. Mais tarde, Ronald de Carvalho esteve no Brasil para o planejamento e a realização da Semana de Arte Moderna em São Paulo. Entre os livros que estiveram ao alcance dos

9. Como observa Haroldo de Campos, os romances e a poesia de Oswald desenvolvem perspectivas críticas que não estão presentes nos instantâneos poéticos de Cendrars: "... Faltava a objectiva 'crítica' à 'kodak' excursionista de Cendrars...", conforme é afirmado em "Uma Poética da Radicalidade", em *Poesias Reunidas Oswald de Andrade*, São Paulo, Difusão Européia do Livro, 1966, p. 35.
10. "Miramar na Mira", em *Memórias sentimentais de João Miramar*, São Paulo, Difusão Européia do Livro, 1964, pp. 32-33.
11. OSWALD DE ANDRADE, "Diário Confessional", fragmentos em *Invenção*, n.º 4 (dezembro/1964), pp. 49-51.
12. Desde então, Fernando Pessoa passou a ser considerado o maior poeta da língua portuguêsa do século XX e uma das principais figuras do vanguardismo mundial na literatura.

modernistas brasileiros antes da Semana estavam as primeiras obras de prosa vanguardista em português, publicadas por Almada Negreiros e Mário de Sá Carneiro já em 1912. Influente também na formação do Modernismo brasileiro foi o escritor Antônio Ferro, que publicou seu manifesto "Nós" na revista brasileira *Festa* e cujo romance *Leviana, Romance em Fragmentos* foi publicado simultaneamente no Rio de Janeiro e em Lisboa em 1921. Oswald de Andrade reconheceu, de maneira particularmente vigorosa, a importância de Antônio Ferro para o Modernismo quando afirmou, em um ensaio escrito posteriormente:

> É preciso chamar Antônio Ferro de gênio e Carlos Gomes de burro. Chamamos [13].

Estudos comparativos mais completos são imprescindíveis para trazer à luz a decisiva influência portuguesa no desenvolvimento do Modernismo brasileiro.

Das muitas tendências do movimento modernista, nem todas são de *avant-garde,* embora todas se esforcem para estabelecer um novo *approach* face à literatura brasileira [14]. Apenas um segmento do movimento modernista brasileiro, representado pelo "Manifesto da Poesia Pau-Brasil" e pelo 'Manifesto Antropófago", reivindica mudanças radicais na maneira de conceber a natureza e os objetivos da arte de escrever, à semelhança da *avant-garde* européia. Nesse sentido, as obras mais inovadoras e singulares do Modernismo brasileiro poderiam mais clara-

---

13. Ver nota n.º 7.
14. As duas direções principais são representadas pelo "Verdeamarelismo" e "Anta" por um lado (mais estreitamente nacionalistas) e, por outro, por "Pau-Brasil" e "Antropofagia" de Oswald. Deve-se também distinguir a vanguarda de expressões de regionalismo e de temas locais ou folclóricos.

mente ser chamadas de vanguardistas, no sentido francês e inglês, tanto por seus laços com a Europa quanto por sua posição radical dentro do movimento brasileiro. Aplicado ao Brasil, o termo "vanguardista" se refere ao entusiasmo pelas composições ou técnicas experimentais lançadas pelos artistas europeus de *avant-garde* e às adaptações originais de tais composições e técnicas a temas brasileiros por autores como Mário de Andrade e Oswald de Andrade. Assim, a idéia vanguardista no conjunto do movimento brasileiro é a tentativa de criar um estilo novo baseado no espírito radical dos vanguardistas europeus. No Brasil, as obras mais imaginosas nesse sentido tratam temas nacionais com uma sátira, humor e ironia que as relacionam diretamente ao espírito de *avant--garde* europeu imediatamente anterior à guerra.

Na prosa modernista brasileira, Oswald de Andrade foi o principal autor cujas obras levaram adiante, de modo consistente as duas principais preocupações do movimento: a criação de um novo estilo poético baseado na realidade brasileira e a redefinição do caráter e dos objetivos nacionais. Em dois romances da década de 20, *As Memórias Sentimentais de João Miramar* e *Serafim Ponte Grande,* Oswald de Andrade, por suas experiências intrínsecas com a linguagem e a forma [15], desenvolveu uma expressão original do estilo vanguardista. *João Mi-*

15. OSWALD DE ANDRADE, *Memórias Sentimentais de João Miramar*, Obras Completas—2: 3.ª ed.; *Serafim Ponte Grande*, 2.ª ed.; Rio de Janeiro, Civilização Brasileira, 1971. Há uma tradução de *Miramar* para o italiano com uma introdução escrita por Giuseppe Ungaretti, que foi amigo de Oswald de Andrade em São Paulo, na década de 30 e é hoje considerado o maior poeta italiano do século: *Memorie Sentimentali di Giovanni Miramare*, trad. de Giovanni Cutolo, prefácio de Giuseppe Ungaretti (Milano: Feltrinelli, 1970). Uma tradução inglesa também apareceu com o título de *Sentimental Memoirs of John Seaborne*, trad. de Ralph Niebhur e Albert Bork, Texas, Quarterly, vol. XV, n.º 4, pp. 112-160.

ramar representa, no Brasil, a primeira tentativa de criar uma "prosa nova" por meio de técnicas poéticas e documentárias, ao passo que *Serafim* é a mais radical tentativa da literatura modernista de fazer uma paródia da sociedade burguesa através de um estilo baseado em fragmentos sintéticos e satíricos.

Os dois romances, *Miramar* e *Serafim,* apresentam integralmente o estilo e a ideologia modernistas de Oswald de Andrade na única expressão unificada e coerente do vanguardismo no Modernismo brasileiro. A adaptação elaborada por Oswald de tendências e técnicas européias, inspirada e guiada pelas inovações com que tomou contato em Paris em 1912, foi típica dos procedimentos criativos seguidos por muitos artistas e escritores brasileiros durante os anos de formação do Modernismo. Como expoente principal da poesia e da prosa de *avant-garde,* Oswald de Andrade nunca deu mostras de interesse pelo movimento dadaísta e foi o primeiro brasileiro a entrar em contato com os poetas surrealistas franceses quando voltou a Paris em 1923 [16]. Quanto às técnicas através das quais os modernistas expressaram novas perspectivas na prosa, deve-se concluir que os escritores mais inovadores, como Oswald de Andrade, adaptaram o que conheciam da *avant-garde* européia de antes da guerra à sua própria redescoberta e análise originais da realidade brasileira.

---

16. *Pau-Brasil* de OSWALD DE ANDRADE foi publicado em Paris em 1925 por "Au Sans Pareil", que tinha republicado *Chants de Maldoror* de LAUTRÉAMONT em 1918 e que fora a principal editora de muitos poetas surrealistas.

2. A ARTE DA SÁTIRA NAS MEMÓRIAS SENTIMENTAIS DE JOÃO MIRAMAR

Em *Memórias Sentimentais de João Miramar*, Oswald de Andrade usa fragmentos de prosa, caracterizados por descontinuidade, desarticulação, ironia e sátira [1], numa tentativa de criar um estilo vanguardista no romance brasileiro. João Miramar narra aspectos, relacionados mas independentes, de sua vida, época e contexto social, definidos como o mundo do romance. A organização destes fragmentos em estruturas, construídas ao redor do tema da experiência de João Miramar, constitui a arte da crítica que, no romance, Oswald de Andrade faz ao mundo modernista.

Os fragmentos concisos, em que João Miramar narra ou documenta cenas de sua vida da infância à meia-idade, são a base do estilo modernista de "sátira-crítica" de Oswald, que se caracteriza por inovações estruturais e lingüísticas. Antônio Cândido se refere à modificação estrutural, em sua descrição do trabalho de Oswald:

---

1. ANTÔNIO CÂNDIDO, "Estouro e Libertação", *Brigada Ligeira*, São Paulo, Martins, p. 14.

> Quando é boa, a sua composição é muitas vezes uma busca de estruturas móveis, pela desarticulação rápida e inesperada dos segmentos, apoiados numa mobilização extraordinária do estilo [2].

Antônio Cândido interpreta os fragmentos de *Miramar* como estruturas móveis, através das quais Oswald cria uma colagem estilística significativa, definida como justaposição de elementos heterogêneos de estilo.

É o que explica a sua escrita fragmentária,

> tendendo a certas formas de obra aberta, na medida em que usa a elipse, a alusão, o corte, o espaço branco, o choque do absurdo, pressupondo tanto o elemento ausente quanto o presente, tanto o implícito quanto o explícito...[3].

A independência com que os fragmentos desvelam o mundo do romance permite ao autor desenvolver uma variedade de abordagens estilísticas — com base em cartas, discursos e poesias — o que leva a uma obra de arte aberta, construída em torno da vida e da época de João Miramar.

Embora a ordem dos fragmentos nas memórias de João Miramar seja flexível quanto a estilo e tema, tais fragmentos podem ser agrupados em estruturas reunidas de acordo com a lógica da montagem. Tal lógica, visualmente fundamentada, pode ser definida como a junção de imagens mais ou menos heterogêneas num todo composto por combinação ou justaposição freqüentemente para ilustrar uma associação de idéias [4]. Os fragmentos de 1 a 4, por exemplo, transmitem as primeira lembranças de Miramar de impressões da sua infância, e poderiam ser

2. ANTÔNIO CÂNDIDO, "Digressão Sentimental sobre Oswald de Andrade", *Vários Escritos*, São Paulo, Duas Cidades, 1970, p. 78.
3. *Idem*, p. 78.
4. Refere-se à técnica de montagem, freqüentemente em relação à arte de filmar.

considerados um grupo estruturado. A unidade e o objetivo da composição fragmentária como um todo em *Memórias Sentimentais* podem ser descritos nos mesmos termos que Arnold Schoenberg utilizou para explicar uma composição musical:

> Uma peça musical lembra, em alguns aspectos, um álbum de fotografias, mostrando sob circunstâncias variáveis, a vida de sua idéia básica — seu motivo básico. As circunstâncias que produzem esses vários aspectos do motivo básico — suas variações e desenvolvimentos — derivam de considerações de diversidade, estrutura, expressividade, etc. [5]

Os fragmentos, através dos quais João Miramar expõe cenas de sua vida, são como fotografias num álbum que revelam a experiência de João sob circunstâncias diversas. Partindo desse ponto de vista, o estilo romanesco tem sido comparado à "prosa cinematográfica" e à visão de realidade do *camera eye* desenvolvidas por Cendrars e John dos Passos [6]. A diversidade na apresentação dos fragmentos dá lugar a certa ordem e a certa lógica internas, relacionadas com o mundo reconstruído por João Miramar, uma vez que grupos de fragmentos documentam a sua experiência em momentos diferentes e identificáveis no tempo. A técnica documentária das memórias dá continuidade, no essencial, ao estilo que Oswald desenvolveu no "Perfeito Cozinheiro das Almas Deste Mundo" (1918-1919), um diário que capta um momento literário através de uma coleção de poemas, observações e notas. Entretanto, os fragmentos em *Memó-*

---

5. ARNOLD SCHOENBERG, *Fundamentals of Music Composition*, ed. Gerald Strang and Leonard Stein, p. 58.

6. Ver HAROLDO DE CAMPOS, "Miramar na Mira", *in* OSWALD DE ANDRADE, *Obras Completas 2*, Rio de Janeiro, Civilização Brasileira, 1971, pp. 13-14.

rias Sentimentais baseiam-se nas observações críticas de Miramar, reunidas como num álbum de fotografias que mantêm relação entre si.

Os blocos de fragmentos que compõem a ficção podem ser chamados de estruturas intencionais porque dependem dos componentes do romance para ter coerência — a progressiva tomada de consciência de João, suas viagens e o contexto social que o rodeia. O arranjo dos fragmentos para transmitir uma visão retrospectiva da vida é compatível com a idéia de estrutura significativa definida por Jean Piaget:

> Diremos, em primeiro lugar, que há *estrutura* (em seu aspecto mais geral) quando os elementos se reúnem numa totalidade que apresenta certas propriedades enquanto totalidade e quando as propriedades dos elementos dependem, total ou parcialmente, dessas características da totalidade [7].

Lucien Goldmann define o conceito de estrutura significativa na história da cultura em termos de coerência interna — "de um conjunto de relações necessárias entre os diversos elementos que as constituem... também entre o conteúdo e a forma"[8]. Definida dessa maneira, a coerência estrutural envolve uma dinâmica interna que expressa a atitude do homem face a seus problemas fundamentais. Em *Memórias Sentimentais,* a idéia de estrutura significativa envolve relações entre o mundo interno do romance e a forma da obra como um todo. Na medida em que os fragmentos ou grupos de fragmentos apresentam pontos de vista independentes, criam

---

7. JEAN PIAGET, *Études d'épistémologie génétique*, p. 34. Citado *in* ROGER BASTIDE, *Usos e Sentidos do Termo "Estrutura"*, pp. 145-156.
8. LUCIEN GOLDMANN, "O Conceito da Estrutura Significativa em História da Cultura", *in Usos e Sentidos do Termo "Estrutura"*, pp. 145-156.

perspectivas críticas sobre seu próprio conteúdo. A estrutura e o tema se relacionam numa arte de crítica através da forma, uma vez que João Miramar, como narrador, descobre o interesse fundamental de sua vida no ato de escrever memórias. Portanto, a estrutura significativa nas *Memórias Sentimentais* implica uma inter-relação entre as perspectivas críticas de João Miramar e a composição dos fragmentos de prosa.

O tom crítico do romance é determinado por dois epigramas retirados das literaturas brasileira e portuguesa:

> Possa entanto
> Acostumar ao vôo as novas asas,
> Em que um dia vos leve
> *O Uruguai* de Basílio da Gama
> E se achar que falo escuro não
> me tache, porque o tempo anda carregado,
> acenda uma candeia no entendimento...
> *Arte de Furtar* [9].

O "prefácio" irônico de "Machado Penumbra", um personagem que parodia a si próprio tentando ver além da sua retórica e de sua perspectiva típicas do século XIX, pede que o romance seja compreendido, interpretando-o como um ensaio satírico.

Esperemos com calma os frutos dessa nova revolução que nos apresenta pela primeira vez o estilo telegráfico e a metáfora lancinante...

Quanto à glótica de João Miramar, à parte alguns lamentáveis abusos, eu a aprovo sem, contudo, adotá-la nem aconselhá-la...

---

9. Os epigramas são simbólicos dos vários níveis de significado que o autor tenciona incluir em seu romance.

Pena é que os espíritos curtos e provincianos se vejam embaraçados no decifrar do estilo em que está escrito tão atilado quão mordaz ensaio satírico [10].

O prefácio de Machado Penumbra é seguido de 163 fragmentos numerados, e intitulados que constituem uma prosa essencialmente expressiva e poética, freqüentemente em forma de poemas ou descrições engenhosas. Cada fragmento refaz uma experiência relembrada com ironia e humor, numa colagem de impressões; pelo fato de cada fragmento centrar-se num acontecimento, seu estilo e ponto de vista são enfatizados.

Os fragmentos das memórias podem ser lidos de duas formas distintas: cada fragmento pode ser visto como uma descrição pessoal ou "vertical" de uma experiência selecionada. Ao mesmo tempo, a série de fragmentos numerados pode ser lida como um relato cronológico ou histórico do desenvolvimento da vida e do mundo de Miramar [11]. Ambos os sentidos, o pessoal (vertical) e o histórico (horizontal), abrem perspectivas complementares sobre o conteúdo por meio da estrutura, sempre dentro da sátira e da paródia estilísticas.

Cada episódio pode ser lido, em cada fragmento do romance, como uma espécie de poema ou quebra-cabeça, no qual a experiência deve ser interpretada "com olhos livres"; a narração está diretamente relacionada com o tema do desenvolvimento da conscientização de

---

10. Ver OSWALD DE ANDRADE, *Obras Completas, 2*, pp. 10-11. Todas as citações são tiradas desta edição. Os números dos fragmentos acompanham as extensas citações entre parênteses.

11. Esses métodos de leitura estrutural podem ser vistos em relação ao desenvolvimento do tempo na ficção moderna, como faz JOHN HENRY RELEIGN em "The English Novel and Three Kinds of Time", *in Time, Place and Ides*, Carbondale, SIU Press, 1968, pp. 43-55.

João Miramar. Alguns episódios são utilizados para documentar acontecimentos ou atitudes, como a carta de Prima Nair para Pântico no fragmento "16. BUTANTÃ": "Eu só comecei saber a vida aos dez anos. Hoje em dia com sete já se sabe tudo!" Outros fragmentos recriam acontecimentos ao dar as prováveis impressões ou reações de Miramar na época. O fragmento "27. FÉRIAS", por exemplo, recria a reação de João frente à decisão de sua mãe sobre suas viagens: "E minha mãe entre médicos num leito de crise decidiu meu apressado conhecimento viajeiro do mundo". Num outro nível, a descrição transmite imagens visuais múltiplas nas relações sintáticas incomuns que descrevem e criticam, simultaneamente, os acontecimentos — em parte, através da seleção do narrador, como no fragmento "43. VENEZA":

> Descuidosas coisas novas pingaram dias felizes na cidade diferente dos doges.
> Descidos da janela do hotel o estrangulamento de palácios minava sob relógio de vidro negro com horas áureas na direção da praça bizantina...
> Mas São Marcos era uma luz elétrica noturna de banho turco num disparate de mundiais elegâncias aviadoras rodeando concertos servidos com sorvetes.

Finalmente, os fragmentos de prosa materializam a experiência de Miramar com títulos e poesia irônicos. O fragmento "52. INDIFERENÇA" descreve o jovem viajante em Paris, numa paródia da poesia romântica:

> Rue de La Paix
> Meus olhos vão buscando gravatas
> Como lembranças achadas.

Por serem poéticos, muitos fragmentos podem ser ser lidos como uma espécie de metáfora, ou padrão, para a experiência geral descrita por Miramar (fragmento "108. JOGO DO BICHO", por exemplo).

Em resumo, a visão "vertical" do mundo de Miramar, parodiado em cada título de fragmento, utiliza "flashes" mentais, formas lingüísticas sintéticas e justaposições para reconstruir o passado numa pessoa, um método poético que cria uma montagem em termos dos sentidos:

> O processo criativo de Oswald consiste basicamente num processo de seleção do já existente, no momento ou na memória. Recorte, colagem, montagem [12].

A experiência fundamental por trás de cada fragmento é filtrada através da consciência de João ou reproduzida diretamente de forma documentária, como nos discursos ou nas cartas. Em ambas as formas, cada fragmento expressa ou constitui atitudes críticas dentro da "estética do fragmento" [13].

Nos episódios das memórias, a construção poética de imagens relembradas na verdade encobre os acontecimentos de tal forma que o leitor deve, continuamente, descobrir e elaborar um significado e uma continuidade mais profundos, inerentes aos fragmentos, mas nunca formulados explicitamente. Haroldo de Campos observou que se pode perceber o desenvolvimento cronológico da vida de João Miramar no encadeamento dos fragmentos:

> Mas, no *Miramar*, embora a pulverização dos capítulos habituais produza um efeito desagregador sobre a norma de leitura linear, não deixa de existir um rarefeito fio condutor cronológico, calcado no molde residual de um "Bildungsroman", que

---

12. Décio Pignatari, *Contracomunicação*, São Paulo, Perspectiva, 1971, p. 141.

13. A expressão "técnica cinematográfica" foi mencionada pela primeira vez por Antônio Cândido, com referência a Oswald, no seu ensaio de 1945 "Estouro e Libertação" e foi retomada por Haroldo de Campos em "Miramar na Mira", *in* Oswald de Andrade, *Obras Completas 2*, p. XLIII.

nos oferece — em termos paródicos, é verdade — a infância, a adolescência, a viagem de formação, os amores conjugais e extraconjugais, o desquite, a viuvez e o descanso meditativo do herói, o "literato" — memoralista cujo nome lhe dá o título [14].

O desenrolar progressivo da vida de João Miramar na verdade proporciona a coerência interna e a continuidade fundamentais das memórias, como na ficção tradicional, embora os momentos decisivos da vida de Miramar devam ser encontrados no estilo variado e na estrutura dos fragmentos. A vida de Miramar pode ser considerada uma espécie de fundamento horizontal para as perspectivas críticas que fornecem indícios sobre a experiência.

O encadeamento dos fragmentos nas *Memórias Sentimentais* cria o relato de memórias sob a forma de uma antologia de acontecimentos, como um álbum de fotografias que apresentasse uma visão sincrônica da vida de Miramar:

Já no *Miramar*, Oswald desenvolvera o projeto de um livro estilhaço, fragmentário, feito de elementos que se deveriam articular no espírito do leitor, um livro que era como que a antologia de si mesmo [15].

Muitos fragmentos mostram as impressões de João a respeito dos acontecimentos, especialmente através da utilização do símile e da metáfora como no fragmento "31. PRIMEIRAS LATITUDES": "A costa brasileira depois de um pulo de farol sumiu como um peixe. O mar era um oleado azul. O sol afogado queimava arranha-céus de nuvens". Mas o estilo difere das técnicas impressio-

---

14. HAROLDO DE CAMPOS, "Serafim: Um Grande Não-Livro", in OSWALD DE ANDRADE, *Obras Completas 2*, p. 104.
15. *Idem*, p. 104.

nistas devido às imagens concisas, à experimentação com uma sintaxe incomum, à utilização de uma prosa implícita e de citações, e à tentativa de análise ou comentário social. No fragmento "31", Miramar continua a descrever os viajantes a bordo, através de impressões críticas:

> Os olhos hipócritas dos viajantes andavam longe dos livros...
> As antenas ruivas do capitão do Marta sondavam naufrágios nos rochedos de Madame de Sevri.
> Um cônsul do Kaiser em Buenos Aires viajava como uma congregação.

Os primeiros críticos do romance também perceberam a necessidade de o leitor construir, ele próprio, estruturas significativas da antologia da vida de Miramar:

> Uma das características mais notáveis deste "romance" do Sr. Oswald de Andrade deriva possivelmente de certa feição de antologia que ele lhe imprimiu... A construção faz-se no espírito do leitor. Oswald fornece as peças soltas... É só juntar e pronto [16].

A possível estruturação dos fragmentos em *Miramar* é, na verdade, muito mais flexível do que o seria uma antologia diacrônica uma vez que muitos fragmentos não se ajustam a um padrão fixo. A obra pode ser organizada em muitas estruturas críticas potenciais que se estendem para além do "fio condutor" da vida de João Miramar, em termos dos materiais internos das *Memórias Sentimentais*. Por conseguinte, a obra tem uma variedade de estruturas significativas possíveis que abrem perspectivas pessoais e cronológicas (vertical e horizontal) para

---

16. PRUDENTE DE MORAES e SÉRGIO BUARQUE DE HOLANDA, *Estética*, Rio de Janeiro, n.º 2, vol. 1, ano II, pp. 218-222.

o desenvolvimento de João, as viagens e o contexto social. Cada fragmento pode ser lido separadamente, como partes de uma antologia, ou em grupos — ambas as maneiras levam a visões críticas no interior das memórias. Enquanto cada fragmento analisa uma experiência em profundidade, os grupos de fragmentos revelam a idéia básica do romance através dos padrões críticos.

Uma leitura global das estruturas críticas nas *Memórias Sentimentais* pode ser explicada com base em seu estilo "cubista", descrito por Haroldo de Campos:

> No *Miramar*, pudemos reconhecer um estilo cubista ou metonímico, na maneira pela qual Oswald recombinava os elementos frásicos à sua disposição, arranjando-os em novas e inusitadas relações de vizinhança, afetando-os em seu nexo de contigüidade, como se fosse um pintor cubista a desarticular e rearticular, por uma óptica nova, os objetos fragmentados em sua tela [17].

Os fragmentos independentes são comparáveis a "elementos frásicos" que apresentam os motivos tangíveis das memórias. Devido ao seu plano poético, cada fragmento não apenas camufla a continuidade e o conteúdo, mas também justapõe o material das memórias, numa espécie de desenho cubista que desarticula o relato cronológico de João sobre sua vida. No romance como um todo, os "elementos frásicos" e os grupos de fragmentos justapostos proporcionam uma "óptica nova", rearticulando o desenho cubista de acordo com padrões que aprofundam a visão crítica das memórias. Tais padrões analisam o desenvolvimento e as viagens de João, os acontecimentos decisivos na sua memória, o seu contexto social; a unidade de tema favorece o plano coerente do romance como um todo.

---

17. HAROLDO DE CAMPOS, *Serafim*, pp. 104-105.

A fragmentação de *Miramar* tem sido vista como uma quebra significativa com o desenvolvimento linear comum da ficção que existia anteriormente no Brasil:

... quebrou as barreiras entre poesia e prosa, para atingir a uma espécie de fonte comum da linguagem artística [18].

Através dos fragmentos, Oswald cria uma mentalidade crítica, "ágil e cândida" [19], cujo tom deriva em parte da rejeição modernista aos valores parnasianos que dominavam a atividade literária brasileira. Antônio Cândido faz uma observação que poderia ser aplicada a grande parte da literatura moderna, considerando a estrutura crítica do romance como uma extensão de visões poéticas, "extensão de processos poéticos a contextos quaisquer" [20]. A inovação de Oswald representa uma rejeição, não apenas a estilos artísticos precedentes, mas também ao contexto social, cuja expressão teve ligação estreita com aqueles estilos. Nesse contexto, o estilo vanguardista de *Miramar* representa mais do que a revolta modernista contra o estilo parnasiano e as grandes personalidades literárias e retóricas que dominavam a cultura brasileira — Rui Barbosa, Coelho Neto, Olavo Bilac, etc. As críticas de João Miramar nas memórias representam a crítica e a rejeição de Oswald de Andrade ao seu próprio passado. Décio Pignatari vê na sátira de *Miramar* uma denúncia de todo o contexto social em que Oswald cresceu e insiste numa relação dinâmica, ainda mais forte, entre os fragmentos e o mundo básico do romance, através da estrutura; "... a estrutura parece confundir-

---

18. Ver ANTÔNIO CÂNDIDO e JOSÉ ADERALDO CASTELO, *Presença*, vol. III, *O Modernismo*, São Paulo, Difusão Européia do Livro, 1964.
19. OSWALD DE ANDRADE, "Manifesto da Poesia Pau-Brasil", in *Oswald de Andrade: Trechos Escolhidos*, São Paulo, Agir, 1967. p. 90.
20. ANTÔNIO CÂNDIDO, *Digressão*, p. 80.

-se com os próprios eventos que propicia" [21]. Embora as críticas sociais em *Miramar* estejam estruturadas, são pessoais ao invés de doutrinárias, compatíveis com a linha de crítica individualista de Oswald de Andrade [22]. As perspectivas do social em *Miramar* brotam das próprias observações do autor e se desenvolvem com suas teorias e manifestos modernistas. O fragmento "42. SORRENTO" apresenta, por inferência, algumas das opiniões do narador:

> Um inglês velho dormia de boca aberta como uma boca enegrecida de túnel sob óculos civilizados.
>
> O Vesúvio esperava ordens eruptivas de Thomas Cook & Son.
>
> E uma mulher de amarelo informava a um esportivo em camisa que o casamento é um contrato indissolúvel.

A visão crítica desenvolvida por Oswald em *João Miramar* fai mais tarde aperfeiçoada no "Manifesto da Poesia Pau-Brasil".

> O trabalho contra o detalhe naturalista pela *síntese;* contra a morbidez romântica pelo *equlíbrio* geômetra e pelo acabamento técnico contra a cópia, pela invenção e pela *surpresa* [23].

O "Manifesto" declara abertamente que o estilo pretende rejeitar a mentalidade acadêmica e formalista — "O contrapeso da originalidade nativa para inutilizar a

---

21. DÉCIO PIGNATARI, *Contracomunicação*, p. 158.
22. Poder-se-ia argumentar corretamente que as críticas sociais de Oswald eram inconseqüentes e incompatíveis com a sua personalidade global. Contudo, seria difícil apontar um exemplo de crítica social na literatura desse período que tenha tido resultados eficazes na sociedade. Poder-se-ia argumentar que os romances sociais da época de 30 eram simplesmente relatados de maneira mais dramática do que a tentativa, bem diferente, de estilo crítico desenvolvida por Oswald.
23. "Manifesto da Poesia Pau-Brasil", *op. cit.*, p. 92.

adesão acadêmica." [24] Nas fotografias documentárias de *Miramar*, assim como nos poemas *Pau-Brasil*, a poesia-prosa tem origem numa observação: "A poesia existe nos fatos" [25].

Pode-se dizer que as *Memórias Sentimentais* retratam o contexto social brasileiro de um modo caricatural e paródico mais aguçado, porque Oswald estava reagindo contra um estilo e um contexto social do qual participava. Personagens que representam figuras do mundo social constituem críticas deles mesmos e são apresentados de maneira ridícula por um tratamento irônico, como no fragmento "81. NOITE INSTITUAL": "L'univers c'est une immense poésie de Dieu, disse o grande Lamennais! Discursos Sul-Americanos. Machado Penumbra". O prefácio de Machado Penumbra vai mais além e interpreta o romance como uma sátira:

... é o quadro vivo de nossa máquina social que um novel romancista tenta escalpelar com a arrojada segurança dum profissional do subconsciente das camadas humanas.

Na construção da sua arte de crítica, Oswald de Andrade estende suas perspectivas para além da análise retrospectiva de João Miramar para incluir o mundo das memórias. Essas perspectivas são as "novas asas" que simbolizavam novas concepções do homem e da sociedade e que têm origem na nova mentalidade do "Pau-Brasil" como uma renovação — "movimento de reconstrução geral" [26]. A organização da crítica em *Miramar* inicia o desenvolvimento vanguardista que culmina na pa-

24. *Idem*, p. 94.
25. *Idem*, p. 89.
26. "Novas Asas" refere-se à primeira epígrafe de *Miramar*, do poema *O Uruguai* (1769), de Basílio da Gama, um dos primeiros no Brasil a fazer uso de uma realidade local.

ródia festiva de *Serafim,* assim como o "Manifesto da Poesia Pau-Brasil" conduz ao mais radical "Manifesto Antropófago". Oswald de Andrade interpreta, ele mesmo, suas críticas de *avant-garde* como defesa arrojada de uma mentalidade nova e aberta em relação à arte moderna no Brasil, dirigida contra os "fracos" de idéias ou de espíritos:

> A minha pena foi sempre dirigida contra os fracos... Olavo Bilac e Coelho Neto no pleno fastígio de sua glória. O próprio Graça Aranha quando quis se apossar do modernismo. Ataquei o verbalismo de Rui, a *italianitá* e a *futilitá* de Carlos Gomes... Em pintura, abri o caminho de Tarsila... Fui quem escreveu contra o ambiente oficial e definitivo, o primeiro artigo sobre Mário de Andrade e o primeiro sobre Portinari [27].

Memórias Sentimentais é uma ficção irônica, e a memória crítica de João Miramar é a base do romance. Contudo, o mundo romanesco também inclui setenta e um personagens que aparecem em fases do desenvolvimento de Miramar. Cerca de vinte personagens podem ser chamados de principais, com os outros completando o retrato da família de Miramar e do mundo social. Todos os personagens são essencialmente tipos, inclusive Miramar, e por eles passa, de forma suavizada, muito do humor e da crítica social. A sátira começa com os tipos escolhidos para a família e, para os amigos de João: suas primas Nair e Cotita, falantes e vazias; a ingênua, insuspeitosa tia Gabriela; e o picaresco, intrigante "Conde" José Chelinini. No mundo profissional, o nome de um personagem tipifica e satiriza seu tipo: o crítico azedo Dr. Limão Bravo; o desastrado Dr. Pepe Es-

---

27. OSWALD DE ANDRADE, "Antes do Marco Zero", *Ponta de Lança — Obras Completas 5,* p. 42.

borracha; e o grande guia moral Pôncio Pilatos da Glória. O mundo social é retratado em tipos satíricos como "Catarina Pinga-Fogo", o lojista (Furquim boticário), os tipos artísticos (D. Flor Vermelha), os artistas sem valor (João Jordão), e as empregadas (Maria portuguesa). Os personagens do romance podem ser agrupados da seguinte maneira:

Família

Célia, Celiazinha, Condessa Chelinini, Cotia, Coronel Cunha, Gabriela, Mamãe, João Miramar, Nair, Papai, Pantico (J. Elesbão da Cunha).

Amigos

Britinho, C. Capua, José Chelinini, Dalbert, Maria da Glória, Periquito, Pita, Pocinho, Maneco.

Professores

Seu Carvalho, M. Ivone, D. Matilde, Seu Peixotinho, Seu Philippe, Miss Piss, M. Violet

Mundo profissional

Zé Alves, Banguirre y Menudo, T. T. Bezerra, Bica-Bam-Buda, B. Braga, Dr. Limão Bravo, Candoca Brito, Dr. Pepe Esborracha, Mendes Mindela, Pancas gordo, Paletozão, Dr. Pata-treta, Mandarim Pedroso, Machado Penumbra, Pôncio Pilatos da Glória, Dr. Pirinhos, Serapião, Dr. Silveirão, Trancoso Carvalho, Tatu Vespinho

Mundo Social

D. Bambina, Bandeirinha barítono, Bilu, D. Flor Vermelha, Sr. Fíleas, Furquim boticário, Georgina, João Jordão, M. Kolny, Maria portuguesa, Seu Madureira, Nacho, M. Penélope, D. Pequitibota, Pinga-fogo, M. Rocambola, Rolah, Edward Rolmopps, Salomé, Sarah, Sevri, D. Teresinha, D. Tira-vira.

Fazenda Nova Lombardia

Capitão Benedito, Bermina, Candoca, Delina, Maria José, Miqué Turco, Minão da Silva, Rufino.

Além de proporcionarem um panorama vivo e humorístico de tipos, os personagens aparecem numa ordem arrumada de antemão nos fragmentos e ajudam a documentar pontos de vista sobre a sociedade. Dezenove fragmentos, em forma de cartas ou de citações, estão essencialmente voltados para certos personagens principais. Esses fragmentos afirmam a visão ou as opiniões de um dado personagem na seguinte seqüência de episódios:

16	Nair	carta
19	Pantico	carta
68	Pantico	carta
71	Mamãe	carta
76	Minão da Silva	carta
78	Nair	carta
81	Machado Penumbra	discurso
85	Irmã da Célia	carta
88	Pôncio Pilatos da Glória	diálogo
100	Célia	carta
104	Nair	cartão postal
109	Nair	carta
130	Minão da Silva	carta
137	Machado Penumbra	memento
138	Célia	carta

140 — Nair   carta
147 — Minão da Silva   carta
150 — Brito   citação
160 — Mandarim Pedroso discurso
162 — Pôncio Pilatos da
      Glória   carta

Embora cada um desses episódios seja independente, preservando-se o estilo satírico e documentário de apresentação, há um contraponto na ordenação dos fragmentos que descreve um personagem pela repetição dos seus pontos de vista e opiniões. Ao mesmo tempo, a torrente de cartas enfatiza o contraste entre a Europa e o Brasil, que continua por todo o romance, também sugerindo a separação de Miramar de seus parentes ricos. As cartas de Minão da Silva escritas da "Fazenda Nova Lombardia" reforçam o contraste entre Miramar e seu passado pela reprodução da atmosfera anacrônica da sua infância [28].

Embora haja diálogos no romance, apenas raramente dois personagens se encontram e conversam (em dois episódios). Miramar registra os diálogos de que participa (em seis episódios), mas o que ocorre mais comumente é a apresentação apenas da metade de um diálogo por meio de citações (em dez fragmentos). Oswald conserva as palavras do personagem cujo ponto de vista está sendo apresentado em um fragmento. Dessa forma, o autor garante uma espécie de apresentação "objetiva" dos personagens. A objetividade está na documentação da descrição feita por um personagem a respeito de sua

---

28. Outros romances brasileiros do Modernismo reproduzem esse contraste entre a infância passada na fazenda e o reajustamento urbano. Talvez o melhor exemplo seja do personagem Luís da Silva, de Graciliano Ramos, no romance *Angústia* (1936).

própria experiência, sempre seletivamente filtrada pela consciência de Miramar. Além disso, tal estilo cria uma distância entre Miramar e sua própria experiência. Os episódios que apresentam citações ou diálogos são os seguintes:

Fragmento

67 — Pilatos
69 — "moço"
72 — Pilatos
84 — Pilatos
88 — Pilatos
89 — Pilatos-Fíleas
91 — Dr. Pepe Esborracha
93 — Chelinini-Miramar
101 — Industrial uruguaio
103 — Célia-Miramar
129 — Célia-Miramar
142 — Advogado-Miramar
144 — Rolah
148 — Pilatos-Miramar
155 — Pedroso-Penumbra
161 — Celiazinha
163 — Entrevistador-Miramar

Mais do que uma composição em contraponto, esses fragmentos-diálogos são apresentados de acordo com a sua relação temática com Miramar. As várias citações do pomposo Pilatos, por exemplo, aguçam o sentido de sátira social de João Miramar. Os episódios 91 até o 142 delineiam a desintegração do casamento de Miramar com Célia, favorecida pelos fracassos financeiros de Miramar, e complicada pela fascinação infrutífera do herói pela estrela de cinema Rolah, que malogra ironicamente no fragmento-diálogo 144. A entrevista final encontra Miramar num "descanso meditativo" revendo temas e caminhos de sua vida. A utilização de citações completa o estilo documentário usado nos outros fragmentos, uma vez que as citações passam a ser esboços de um personagem dentro da narração, assim como a sua resposta direta aos acontecimentos. Os personagens se relacionam como tipos através de diálogo ou citação, mas são tematicamente importantes somente em relação ao seu papel nas memórias críticas de João Miramar.

Além dos personagens, as *Memórias Sentimentais* contêm referências a 73 figuras históricas ou personagens de ficção que servem de ambiente cultural para o romance. Essas figuras enfatizam o interesse de Oswald de Andrade pela sátira histórica, compondo parte de uma consciência política e literária que levou o autor a associar a sua nova abordagem do estilo às alterações políticas:

> No Brasil, sabe-se quando começou. Foi com a Semana de Arte Moderna, que precedeu de alguns meses o levante dos Dezoito do Forte de Copacabana [29].

O seguinte elenco de figuras aparece em *Memórias Sentimentais*:

Albalat
Alexandre o Grande
Almeria
Aspásia
Barbosa, Rui

Berlangete
Bernardes, Artur
Bernardes, Manuel
Bernhardt, Sarah
Bilac, Olavo +

---

29. OSWALD DE ANDRADE, "Poesia e Artes de Guerra", *Ponta de Lança — Obras Completas 5*, p. 28.

Basílio
Bonsi
Byron, Lord
Cabral
Carlos Magno
Carvalho, Vicente de
Chopin
Cleópatra +
Cocteau +
Cupido
Dalton, Dorothy
Daniels, Bebé +
Dantas, Júlio
Duncan, Isadora
Eva
Fausto +
Feijó, Padre
Fénelon
Foch
Gama, Basílio da
George, Lloyd
Gioconda
Herodes
Homero
Ícaro +
Impéria
Joffre
Julieta
Kaiser
Lamennais
Lenin
Maria +

Bonifácio, José
Médici +
Médici, Catarina de
Mozart
Murger
Murray, Mae
Musset
Mussolini
Napoleão
Pacha, Kemal +
D. Pedro I +
D. Pedro II
Péricles
Petrônio
Picasso +
Plutarco
Poincaré
Puccini
Rafael
Romeo
Retelanger
Rimbaud
Salomé
Santos Dumont
Satie
Schubert
Telêmaco
Tiradentes
Tosca
Virgílio
Wilson, Woodrow [30].

30. Todos os nomes marcados com uma cruz (+) aparecem em *Serafim Ponte Grande*.

Na listagem de figuras, pode-se ver o germe do teatro de Oswald de Andrade, iniciado em 1934 com figuras históricas e de ficção com a combativa peça *O Homem e o Cavalo*. Nessa peça, tais figuras representam as idéias de sua época, formando uma continuidade histórica que conduz à época moderna. Dessa forma, os romances vanguardistas de Oswald de Andrade têm alguma relação com o seu sentido teatral. No romance, contudo, as figuras são apresentadas de maneira passiva ou irônica e completam os personagens principais.

Poderíamos dizer que os vários níveis de narração, em cada episódio-fragmento, e conseqüentemente no romance como um todo, envolvem três João Miramar: um ingênuo, um outro ingressando na idade madura, e o terceiro, já maduro. Cada um representa um foco e uma referência temporal diferentes. Como observou Haroldo de Campos, os acontecimentos do romance são recriados cronologicamente, começando pelas cenas da infância. No primeiro nível, a narração recria João Miramar em momentos no tempo conforme ocorreram no passado. O fragmento "1. O PENSIEROSO" tenta, propositadamente, imitar sua linguagem e impressões infantis:

> Senhor convosco, bendita sois entre as mulheres, as mulheres não têm pernas, são como o manequim de mamãe até embaixo. Para que pernas nas mulheres, amém.

Através da narração, Miramar revive sua consciência ingênua em momentos descontínuos no tempo. Há sempre uma narração aparentemente sincera, direta e viva, uma vez que os pontos de vista que decorrem dessa descrição vertical da experiência de João estão baseados em uma participação direta nos acontecimentos.

O desenvolvimento cronológico da vida de Miramar gera um segundo João Miramar, cuja consciência cresce através do acúmulo de memórias. À medida que os episódios relembrados progridem cronologicamente, João torna-se consciente do impacto dos padrões em sua experiência. Uma vez que éé incapaz de mudar as direções ou alterar seu próprio caráter, torna-se mais nitidamente consciente desses dois fatos, e essa consciência é transmitida para o leitor como um estágio entre o jovem ingênuo e o narrador maduro. No fragmento "67. INSTITUTO DE DAMASCO", por exemplo, o protagonista declara: "Célia achava que eu devia ter uma vocação nobilitante... Eu era apenas um fazendeiro matrimonial". Esse segundo Miramar em desenvolvimento está consciente dos episódios decisivos que unem os temas de sua vida, e sua consciência ajuda a dar às memórias um sentido de fatalidade que o jovem narrador não percebe. Dessa forma, o constante tom de leviandade do jovem Miramar é uma prova da sua existência não-crítica, e isso ajuda a diferenciá-lo do Miramar em desenvolvimento, aquele que analisa sua vida com críticas, às vezes, incisivas.

Um terceiro Miramar narra suas memórias a partir da metade do caminho de sua vida: "... depois dos trinta e cinco anos, *mezzo del camin di nostra vita...*" (p. 94). Esse Miramar maduro, que representa a consciência de experiências acumuladas, ironiza e critica os acontecimentos que emergem episodicamente da sua memória. Tem consciência, tanto numa perspectiva vertical quanto horizontal, da sua experiência, e julga ambas de sua posição privilegiada. A predominância desse narrador maduro pode ser sentida a partir do fragmento 146 ,depois da separação de Miramar de D. Célia e de Rolah. Os episódios finais completam o esboço do contexto social do qual Miramar se retira. O julgamento do narrador maduro sobre sua experiência torna necessária a reavaliação dos dois níveis anteriores de narração, considerando-se a ironia e a sátira intensificadas do "descanso meditativo" final. O narrador maduro coloca os dois Miramar anteriores em perspectivas, pelo conhecimento de suas próprias limitações. Desse modo, Oswald de Andrade cria, nos três narradores Miramar, níveis de consciência e atitudes críticas diferentes no desenrolar da história da vida de João Miramar.

Portanto, os três níveis de tempo e de pontos de vista básicos em *Memórias Sentimentais* são os seguintes: o jovem Miramar que reage aos acontecimentos, o Miramar em desenvolvimento que observa o padrão que sua vida assume e o João Miramar maduro que escreve as memórias.

Constituído pela apresentação dos três narradores, *João Miramar* é o fruto da ação do autor Oswald de Andrade. Sua mão está cuidadosamente escondida no romance, com exceção dos epigramas e das composições estruturais, e ele não interfere diretamente no relato das memórias feito por João Miramar. Entretanto, o controle de Oswald é decisivo na caracterização dos personagens, na estruturação dos episódios, e no *setting*, seus principais meios de ironizar as memórias.

A ironia do autor está presente já no título do romance. O próprio nome "João Miramar" indica descaracterização, tanto quanto o americano anônimo "John Doe", e, com o nome, Oswald está retratando uma geração de jovens que o poeta Carlos Drummond de Andrade chamou tipo "indeciso-bom..."[31] Pode-se reconhecer em João Miramar a nova perspectiva de "Pau--Brasil": ... sentimental, intelectual, irônica, ingênua [32]. O nome "Miramar" também transmite a natureza passiva do herói que contempla os mares à procura de sua identidade. É um herói à procura de um caráter que se ajuste às suas novas atitudes em desenvolvimento e, como tal, pode ser contrastado com o conhecido "Macunaíma" de Mário de Andrade — "o herói sem nenhum caráter" — que é uma mistura amorfa de muitos caracteres. O adjetivo "sentimentais" ironiza o título de Oswald e além disso descreve João. Há, de início, uma ironia na contradição entre as memórias "sentimentais" e o estilo dessas. Embora cada parte do romance seja, provavelmente, subjetiva, uma vez que é relembrada, as cenas são expressas em unidades que objetivam a experiência de maneira crítica. Há um choque humorístico entre o adjetivo "sentimental" e o estilo. Além disso, as memórias de João Miramar são "sentimentais" apenas no que tange ao início de sua formação. A maior parte dos incidentes na sua vida não parecem dignos de um sentimento verdadeiro — namoros de escola, viagens sem propósitos, relacionamento social frustrado. Pelo contrário, o adjetivo irônico "sentimental" enfatiza o vazio do começo da vida de João Miramar, ao mesmo tempo em que o retrata como um personagem que está, de alguma forma, sempre ligado emocionalmente ao seu passado. Até mesmo o fato de suas relações e compromissos do passado terem se desintegrado na conclusão do romance não

---

31. CARLOS DRUMMOND DE ANDRADE, Nacionalismo Literário, *O Jornal*, 23 de janeiro de 1925. A citação pode ser encontrada nas pp. 90 e 91.
32. Ver "Manifesto da Poesia Pau-Brasil", p. 92.

é um fundamento para lembranças sentimentais. A razão para ele escrever suas memórias é a análise crítica de um mundo recriado. Por esta razão, há um contraste irônico entre o relato sentimental das memórias, como uma atitude que acompanha o desenvolvimento cronológico de João, e a consciência do narrador maduro que se recusa a comentar suas experiências na entrevista final. Como o *Brás Cubas* de Machado de Assis, João Miramar está, em certo sentido, relatando memórias póstumas de um eu anterior que não existe mais. No "ponto-médio" de sua vida, João Miramar não é mais sentimental, mas está procurando no seu passado os únicos significados que lhe possam dar novas perspectivas.

Completando os níveis da narração, o autor Oswald de Andrade estruturou mais ainda as memórias com base na ironia e na sátira, dando títulos aos episódios, estruturando-os de acordo com os grupos temáticos e dando nomes aos personagens.

Nos fragmentos, o tratamento da narração quanto ao tempo e ao ponto de vista contribui para a força expressiva da apresentação pessoal, vertical, dos acontecimentos. Os primeiros episódios, por exemplo, recriam a infância de Miramar lançando mão da lógica com que sua mente jovem concebia os acontecimentos:

> Professora magrinha e recreio alegre começou a aula da tarde um bigode de arame espetado no grande professor Seu Carvalho.
> No silêncio tique taque da sala de jantar informei mamãe que não havia Deus porque Deus era a natureza.
> Nunca mais vi o Seu Carvalho que foi para o Inferno. (Fragmento 8).

A poesia emerge diretamente das percepções da criança, que interpreta acontecimentos de maneira inesperada, incluíndo justaposições musicais de idéias e sentimento. Além disso, o primeiro fragmento reproduz a visão que tinha da vida quando era criança:

> Jardim desencanto
> O dever e procissões com pálios
> E cônegos
> Lá fora
> E um circo vago e sem mistério
> Urbanos apitando nas noites cheias...

Uma técnica parecida no relato de memórias ocorre nas primeiras páginas do livro de James Joyce, *A Portrait of the Artist as a Young Man,* que tem sido comparado ao Miramar por críticos brasileiros, em termos de inovação [33]. Genaro Mucciolo descreve *Miramar* como uma espécie de *Portrait* (retrato) experimental:

> O livro é uma espécie de *Retrato do Artista quando jovem,* em que o Autor traça o seu caminho, construindo a sua própria base de partida. O livro de Joyce foi elaborado em termos metódicos, qual uma tese e, por isso mesmo, é uma afirmação solene... A partida de Oswald é muito mais leve, muito menos meditada..., mas convém não esquecer que *João Miramar* foi reescrito pelo menos quatro vezes, uma conquista, pois, e não um lance fortuito [34].

Mas, como já se observou, o romance de Oswald nunca constrói um mundo interior tão complexo e desenvolvido, como o que se encontra no *Portrait*. Na verdade, Oswald não lera o romance de Joyce antes de 1936 [35], embora tivesse dado continuidade ao método de

---

33. Ver artigos de Haroldo de Campos, principalmente "Miramar na Mira".
34. GENARO MUCCIOLO, "A Volta de João Miramar", *Cadernos*
35. Conversas com Geraldo Ferraz, em Guarujá, São Paulo a
Brasileiros n.º 27 (janeiro/fevereiro de 1965), p. 98.
19 de março de 1972.

recriar percepções diretas nos excertos históricos que escolheu para *Pau-Brasil,* e no intencionalmente adolescente *Primeiro Caderno do Aluno de Poesia Oswald de Andrade.*

À medida que João Miramar amadurece no romance, o método poético faz um paralelo entre suas viagens e observações, como no fragmento "37. A MADÔ DO COMEÇO":

> Era filha puberdade do dono do restaurante de olhos azuis.
> As pátrias longínquas cresciam no inverno da sala como legumes tardios.
> E o escuro da escada subia quedas ao sétimo andar.
> Sonhamos um livro de viagens.

O título desse episódio sugere uma relação temática com o relato inicial de Oswald sobre as aventuras sexuais de Miramar no fragmento "9. BOLACHA MARIA" ("Madô de meias baixas saias curtas"), típica da maneira como os episódios encontram-se relacionados. Contudo, as colagens descritivas são sempre relatos diretos. A consciência crítica de Miramar é imposta por outros níveis de narração.

À medida que o romance avança, a narração direta de Miramar é justaposta a outros tipos de apresentação, tais como os fragmentos que são poemas e os fragmentos escritos no novo estilo de poesia em prosa de Oswald. Impressões-poemas, no estilo do fragmento "1. O PENSIEROSO", reproduzem as impressões e reações de João a lugares e acontecimentos:

42. SORRENTO

> Velhas velas cigarras
> Brumais no mar vesuviano

> Com jardins lagartixos e douradas mulheres
> Entre muros de uvas aléias
> De fartos pomares
> Insetos piedigrottas
> Roendo caixas de fósforo
> Trigonometrias brancas
> No crepe azul de água napolitana
> Longe cidade sesta quieta
> Entre écharpes tiradas de costas
> Ponteando cinzas índigos de montes...

Tais impressões características tornam-se espelhos para o estado de espírito de João, que é decorrente da sua experiência imediata. Os poemas descritivos tornam-se construções mínimas, simples e diretas, que podem sintetizar a experiência numa metáfora incisiva:

44. MONT-CENIS

> O alpinista
> de alpenstock
> desceu
> nos Alpes.

Os poemas e as colagens poéticas continuam a recriar a experiência figurativamente no decorrer das memórias. Fragmentos tais como: "61. CASA DA PATARROXA" podem evocar apenas impressões sensuais:

> A noite
> O sapo e o cachorro o galo e o grilo
> Triste tris-tris-tris-te
> Uberaba aba-aba
> Ataque e o relógio taque-taque
> Saias gordas e cigarros.

Outros fragmentos que são poemas em prosa estão mais intimamente relacionados com situações temáticas, tal como no fragmento "74. SAL O MAY". A metáfora das "duas estrelas vivas" no fragmento "92. ESTELÁRIO" representa a atração dual amante-esposa (Rolah-Célia). Os fragmentos que são poemas também mostram semelhança com outros livros de poesia: a linha "Coração esperançava esperançoso" do "Estelário" é reminiscente do humor do poema "Soidão" do *Primeiro Caderno*. Outros fragmentos-poemas mostram as impressões de João Miramar sobre o mundo social, tais como "108. JOGO DO BICHO", "123. BUNGALOW DAS ROSAS E DOS PONTAPÉS", e "126. QUITAÇÃO":

> Municipal
> Bar Teatro e Câmara
> E o revezar dos pares e dos solos
> Salas de espera de cinema
> Com valsas e palpites
> E delírios metálicos nos bairros...
>
> (Fragmento 108)

Os fragmentos-poemas podem ser distinguidos da poesia em prosa porque os primeiros são reflexões significativas sobre a experiência em si. São os fragmentos mais críticos do romance, que resumem as reflexões de Miramar sobre ele próprio e sobre a sociedade. Em tais reflexões, Miramar finalmente toma consciência de uma direção em sua vida. No fragmento "52. INDIFERENÇA", por exemplo, reconhece os anacronismos na sua formação brasileira e nas saudades:

> Nostalgias brasileiras
> São moscas na sopa de meus intinerários
> São Paulo de bondes amarelos
> E romantismos sob árvores noctâmbulas

O fragmento "74. SAL O MAY" satiriza a realidade social brasileira que Miramar conhecia:

> Os cabarés de São Paulo são longínquos
> Como virtudes
> Automóveis
> E o pisca-pisca inteligente das estradas
> Um soldado só para policiar minha pátria inteira
> Delenda linda Salomé
> Ó dançarina cafageste
> Cheia de moscas ignorantes e de boas intenções...

E, numa metáfora incisiva, no fragmento "146. VERSO CRACKAR", Miramar assume uma perspectiva crítica face às inesperadas mudanças da sua própria vida: "Oxalá que eu tivesse sabido que esse verbo era irregular". O verbo "crackar", que tem origem nos fracassos financeiros de Miramar, empresta um motivo às *Memórias Sentimentais,* mostrando o conhecimento de João de suas próprias deficiências. O conteúdo dos fragmentos-poemas em *Miramar* dá prova da importância da poesia para o estilo vanguardista.

Além da poesia em prosa e dos poemas, Oswald de Andrade fundamenta-se num estilo documentário, que é também poético, reproduzindo cartas, discursos, participações e mensagens, trocados entre os personagens. E o fato de tal estilo ser essencialmente poético pode ser observado em *Pau-Brasil,* onde Oswald selecionou cuidadosamente fragmentos de cartas históricas e documentos relacionados à descoberta do Brasil pelos seus efeitos poéticos nos leitores comuns. Tal poesia fundamenta-se na sátira e nos significados inesperados. Os fragmentos em forma de cartas em *Miramar* são os seguintes: "16. BUTANTÃ", "19. BICICLETA DE ONÃ", "68. RESSURREIÇÃO DO PANTICO", "71. FAUSTA", "76. CARTA ADMINISTRADORA", "78. A SABIDA", "85. DO REFÉM", "100. RABO-LEVAS", "109. A FARRA", "130. RESERVA", "138. MEMENTO HOMO"

"104. MLLE DE SÉVIGNÉ", "147. O ANTÍPODA" e "162. NOTICIÁRIO". Os discursos são encontrados nos fragmentos: "81. NOITE INSTITUTAL" e "160. DISCURSO ANÁLOGO AO APAGAMENTO DA LUZ DURANTE O FOXTROT PELO DR. MANDARIM PEDROSO". As mensagens e as participações compõem os fragmentos: "90. PARTICIPAÇÃO", "104. CARTÃO POSTAL", "137. BAILE", "150. TESTAMENTO LITERÁRIO" e "156. BATEM SINOS POR D. CÉLIA".

O desenvolvimento da consciência crítica de Miramar através das seqüências de episódios pode ser lido em termos de três grandes grupos de fragmentos, organizados em torno do "fio-condutor" da vida de João Miramar. Os fragmentos podem ser arrumados como três pequenos retratos dentro das memórias, que mostram o desenvolvimento de Miramar baseado em quatro esquemas de organização: sua memória cronológica, suas viagens, o contexto social, e os momentos significativos em sua vida. Os três grandes grupos de fragmentos correspondem a "conjuntos estruturados", nas palavras utilizadas por Haroldo de Campos para referir-se a *Serafim Ponte Grande,* porque organizam a informação dispersiva no romance de acordo com motivos unificados. Os grupos estão relacionados estruturalmente, em termos de conteúdo, o que resulta numa maior unidade no plano total. Uma vez que os três grupos de fragmentos também satirizam e parodiam as memórias em si mesmas, eles apresentam por sua vez visões críticas, que são uma parte da total "crítica de vida" feita por Oswald.

Os fragmentos podem ser cronologicamente agrupados, de acordo com os três estágios do desenvolvimento de Miramar, da infância à meia-idade, da seguinte maneira:

Fragmentos   1 - 27   Parte I
             28 - 55   Parte II
             56 -163   Parte III

Os fragmentos de 1 a 27 evocam o mundo da infância e a educação de Miramar, enquanto que os episódios de 28 a 55 relatam suas aventuras na Europa. Em ambas as seqüências, os fragmentos são narrados diretamente através do estilo poético de João. O fragmento "56. ÓRFÃO" encontra Miramar novamente em São Paulo, sozinho, depois da morte de sua mãe, diante de uma vida por reconstruir. A seqüência 57-163 reproduz a reintegração na sociedade empreendida por Miramar: seus amores conjugais e extra-conjugais, seus contratos e seus fracassos nos negócios e suas relações sociais. Os episódios finais desvendam o profundo descontentamento do viúvo Miramar e seu progressivo afastamento meditativo do mundo.

A significação da viagem de João Miramar à Europa na tríplice composição de fragmentos é evidente no esquema cronológico traçado acima. Divide o romance e acentua o contraste entre o Brasil e a Europa, começando com a expressão metafórica da sua necessidade de viajar no fragmento "27. PRIMEIRAS LATITUDES". Sua viagem e suas aventuras dão os temas para narrações poéticas do fragmento 28 ao 55. Depois de seu retorno a São Paulo, Miramar mantém os contatos pessoais e as novas atitudes que se tornaram importantes em sua viagem. Os dois terços finais do romance podem ser considerados uma seqüência que traça a tentativa de João para reintegrar-se na vida brasileira.

A divisão do romance em três partes também é significativa quando considerada em relação à progressão cronológica da vida de João. Deduz-se do plano do romance que o contraste entre o Brasil e a Europa não é a principal divisão temática da obra em si, embora indique a total mobilidade da avaliação que Miramar faz de suas experiências. A viagem à Europa proporciona, ao invés, um agrupamento estrutural dos fragmentos que também está ligado a combinações feitas de acordo com outros planos, tais como a caracterização ou os momentos decisivos no desenvolvimento de Miramar. Embora a viagem resulte na mais notável divisão no plano do romance, deve ser vista juntamente com outras combinações críticas de fragmentos, uma vez que a relação total das perspectivas críticas cria a "crítica da vida" no romance.

O tipo de perspectiva crítica que João Miramar desenvolve em sua viagem pode ser inferida da natureza particular daquela parte das memórias. Aqueles 27 episódios são todos narrações diretas em prosa poética ou em poesia que sintetizam as observações de João. O fragmento "52. INDIFERENÇA", por exemplo, é a primeira análise crítica feita por Miramar sobre sua própria natureza, parodiando um passado romântico exagerado:

> Rue de La Paix
> Meus olhos vão buscando gravatas
> Como lembranças achadas.

A parte correspondente à viagem também divide a abordagem estilística dos fragmentos: a longa parte posterior ao retorno de João começa, em contraste com a narração direta da viagem, por documentar experiências de outras personagens através de cartas, discursos, etc. As citações começam também na parte final. Durante a viagem de contrastes, as perspectivas de João Miramar tornam-se evidentes pela primeira vez, através do relato crítico das suas impressões:

Os olhos hipócritas dos viajantes andavam longe dos livros — agora polichinelos sentados nas cadeiras vazias.
(fragmento 31)

Miramar submete à paródia os turistas à sua volta:

Binóculos sintetizaram a cidade dormindo para nossa pressa.
(fragmento 34)

A vida de bordo pôs rouge para proximidades de Barcelona.
(fragmento 35)

Um inglês velho dormia de boca aberta como uma boca enegrecida de túnel sob óculos civilizados. O Vesúvio esperava ordens eruptivas de Thomas Cook & Son.
E uma mulher de amarelo informava a um esportivo em camisa que o casamento é um contrato indissolúvel.
(fragmento 42)

E introduz ligeiramente três aventuras românticas que acompanham sua viagem e prolongam-se no decorrer das memórias:

Uma italiana de olhos imóveis chupou-me como um grog. Chamava-se Madame de Sevri.
(fragmento 30)

Uma bola de vidrilhos rodava atrás de uma cabeça loura. A bola dava gritos e chamava-se Madame Rocambola.
(fragmento 32)

Era filha puberdada do dono do restaurante de olhos azuis... Sonhando um livro de viagens.
(fragmento 37)

O que há de mais notável no livro de viagem mental de João Miramar é a livre colagem de imagens e significados que descrevem sucessivamente suas impressões incomuns. A leveza, a harmonia e a variedade dessas impressões isolam essa seção da obra da parte final, mais intencionalmente crítica:

    Enfarruscamento viário para primeiro grupo e outros de casas gris que o trem desprezava com arvoredo e letras reclamativas sentinelando a linha.

(fragmento 36)

    Mas na limpidez da manhã mendiga cornamusas vieram sob janelas de grandes sobrados. Milão estendia os Alpes imóveis no orvalho.

(fragmento 40)

    Gritos desnatados, mergulhos no mar do céu, índios adiante. Paradas casavam Picasso, Satie e João Cocteau. Ciclistas decolavam como bonecos eternos.
    Noite e sentido imediato de Quermesse com orquestras e pares páreos.

(fragmento 51)

    Dacar negrejou na pura perda de uns olhos verdes que eram meu diário de bordo.

(fragmento 54)

A justaposição de imagens transmite o sentido de novidade e descoberta.

Há um olho crítico que enxerga, por indução, além dos acontecimentos superficiais, em todas as colagens que predominam nas descrições feitas por Miramar de sua viagem. Miramar critica sua própria visão como sendo um "céu de cinema" que projeta contínuas descobertas. Seu cinema interior é um "cosmorama" igualando a descoberta de um mundo e um estilo novos:

E tardes seguiram arcos da Rue de Rivoli com Joanas Darc em áureos potros impávidos para a espada longe da Torre Eiffel na panóplia de goles.

(fragmento 36)

Empalada na límpida manhã a Alemanha era uma litografia gutural quando os corações meu e de Madô desceram malas em München.

(fragmento 39)

Mas São Marcos era uma luz elétrica noturna de banho turco num disparate e mundiais elegâncias aviadoras rodeando concertos servidos com sorvetes.

(fragmento 43)

As colagens poéticas de Miramar incluem também as liberdades sexuais e sociais que surpreenderam seu passado provinciano e atiçaram sua imaginação:

Montanhas espetavam tetas para a sede azul do céu.

(fragmento 45)

Mas a calçada rodante de Pigalle levou-me sozinho por tapetes de luzes e de vozes ao mata-bicho decotado de um dancing com grogs cetinadas pernas na mistura de corpos e de globos e de gaitas com tambores.

(fragmento 50)

Matemáticos garupas midinettes de pernas ao léu sobre peixes circulares num oceano aéreo de gaitas.

(fragmento 51)

Em las Palmas ficaram entre barbas alpestres e kodaks moças projetos ascensionais.

(fragmento 54)

Quando João Miramar retorna ao Brasil, dá continuidade a sua atitude de descoberta nas viagens de "Forde" que o trazem mais para perto da cultura brasileira nativa de *Pau-Brasil:*

> O Forde levou-nos para igreja e notário entre matos derrubados e a vasta promessa das primeiras culturas.

(fragmento 62)

Ao mesmo tempo, as viagens de Miramar no Brasil transmitem uma insensibilidade e uma falta de objetivos que culminam no sonho irônico da viagem idílica com Célia, revelado no fragmento "63. IDIOTISMO":

> Iríamos em tournée à Europa. E pela tarde lilás do Bois, ela guiaria a nossa Packard 120 H.P. Sairíamos nas férias pelos caminhos sem mata-burros nem mamangavas nem taturanas e faríamos caridade e ouviríamos a missa do bons curas nas catedrais da Média Idade. E prosseguiríamos por hotéis e hotéis, olhos nos olhos, etc.

(fragmento 63)

Miramar reconhece que suas viagens são, em parte, uma tentativa de escapar da banalidade do contexto social que o rodeia depois do seu retorno: "Mas Cotita e Nair nos vinham dizer banalidades". Entretanto, tal isolamento apenas torna as suas aventuras européias mais significativas como um meio de definir a sua necessidade de aventura e um novo sentido de poesia, numa relação de estrutura com tema:

> A viagem, para ele, foi isto: translação mágica de um ponto a outro, cada partida suscitando a revelação de chegadas que são descobertas [36].

36. ANTÔNIO CÂNDIDO, "Oswald Viajante", *O Observador Literário,* p. 91.

Enquanto a viagem européia revela muito sobre João Miramar por sua narração direta, a seqüência final dos fragmentos parodia e satiriza um mundo formal e retórico de personagens. Dezenove fragmentos da terceira parte reproduzem cartas, discursos ou citações que parodiam visões e valores. As cartas da família de Miramar satirizam o papel de viajante rico na Europa:

> Estivemos agora em Veneza, onde é muito bonito e célebre.
> (fragmento 109)

> Ela já sabe falar quelque chose, eau chaude e beaucoup d'argent.
> (fragmento 78)

As cartas de Célia traduzem a trivialização do seu casamento com Miramar, por sua própria estupidez e pela intervenção do Dr. Pepe Esborracha:

> Joãozinho
> Depois que tu partiste a Celiazinha estava um pouco abatida... Há seis dias que o Dr. Pepe Esborracha vem vê-la todos os dias no Ford de Pindobaville... Ele é muito bom médico.
> (fragmento 100)

Os discursos exemplificam a retórica florescente do passado. O discurso de Pôncio Pilatos no "Recreio Pingue-Pongue" ilustra ademais o abismo nas visões morais quando menciona as máximas de conduta e de gosto, cômicas e eternas:

> Aqui não se lêem romances de baixa palaude literária nem versos futuristas!
> Só se lê Rui Barbosa.
> (fragmento 160)

A terceira seqüência em *Miramar* aplica o estilo de sátira-crítica à realidade brasileira que Miramar redescobre e rejeita.

O esquema de caracterização nas *Memórias Sentimentais* divide o romance estruturalmente em três partes, assim como o faz a viagem. Situando-se os fragmentos nos quais cada tipo de personagem aparece, é possível perceber uma divisão estrutural complementar. Os primeiros 26 fragmentos introduzem João Miramar, sua família e seus amigos. Durante a viagem, nenhum personagem é introduzido, exceto as mulheres que ele encontra e com quem viaja pela Europa. A introdução de Rolah (fragmento 32) não se torna importante a não ser quando da sua chegada ao Brasil, no fragmento "82. TÁTICA". Após o retorno de Miramar a São Paulo (fragmento 56), todos os personagens que representam o mundo social e o profissional aparecem no romance. Célia e Rolah alternam-se na sua cabeça durante suas tentativas de adaptar-se a uma cultura que acredita estar fora de moda e embotada — talvez muito próxima ao seu verdadeiro caráter. Finalmente, o panorama da família e dos amigos, reintroduzidos em cartas e citações, desaparece do romance. Nas cenas finais, da desintegração de Miramar, os personagens principais estão ou alheios a ele ou distantes dos seus interesses.

Dessa forma, a caracterização no romance divide a obra de uma maneira que completa a grande estrutura das três partes:

fragmentos

1 - 27 — João Miramar, família, amigos
28 - 55 — Viagens pela Europa

56 - 163 — Mundo social, mundo profissional, cartas da família e dos amigos

Essa estrutura de três partes faz-se visível devido à cesura criada no romance pelas viagens de João, que também separam os fragmentos pela abordagem estilística.

Em coordenação com os esquemas de viagem e a caracterização, os 163 fragmentos do romance podem ser agrupados, tematicamente, de acordo com os acontecimentos decisivos ou os pontos críticos na vida de João. As *Memórias Sentimentais* não têm, na superfície, nenhum enredo evidente, embora o tema da viagem possa ser facilmente encontrado na estrutura. Há também um tom de imparcialidade notável, e uma harmonia estilística que torna difícil identificar qualquer direção no desenvolvimento de João.

Cada fragmento em si contribui para o retrato total; há, porém, momentos decisivos na vida de Miramar que dão um impulso temático às memórias. Esses pontos críticos devem ser descobertos na arquitetura do romance, uma vez que não parecem decisivos para João quando ocorrem. Ele pesa cada fragmento igualmente na sua mente, porque é incapaz de avaliar a experiência quando ela ocorre. Nesse aspecto irônico, o relato de João sobre sua vida constitui uma não-memória, no sentido de que suas memórias sentimentais não explicam a essência de suas experiências. Ao invés disso, as memórias retratam um herói à procura de seu caráter e de uma consciência crítica que possa lhe dar um fundamento para agir.

Os pontos decisivos no desenvolvimento de João Miramar se encaixam na estrutura das três grandes partes já esboçadas. As três partes em si são "momentos" decisivos na vida de Miramar, embora pontos mais significativos sejam encontrados em padrões temáticos que ocorrem depois do seu retorno ao Brasil. Os pontos proeminentes na experiência de João começam com o seu casamento com Célia:

> Um crayon de um arquiteto de Paris que tínhamos visto antes do casamento dera-nos a inveja desesperada de uma calma existência a dois, com pijama e abat-jours, sob a guarda dos antigos deuses do home.
>
> (fragmento 63)

A tentativa de encontrar uma vocação mostra-se infrutífera, convencendo-o da sua inutilidade social. O predicamento de Miramar desenvolve-se mais ainda com a gravidez de Célia e o nascimento de Celiazinha (nos fragmentos "69. ETNOLOGIA" e "75. NATAL"), com a guerra e a crise econômica (nos fragmentos "84. A BALANÇA" e do 79 ao 86) e com a atraente estrela de cinema Mlle-Rolah (no fragmento "95. PROMESSA PELADA"). A chegada dos amigos da Europa leva à descoberta do interior em viagens de carro: "A Serra do Mar foi um mergulhado mar de verdura com passarinhos importantes" (fragmento 113). A desintegração do mundo de Miramar começa com a doença de Celiazinha (fragmento "117. O EMPRESTADOR DE LIVROS") e continua com o fracasso da empresa capitalista de filmes (fragmento "120. O ÚLTIMO FILM"), com o sucesso de João com Rolah e a sedução de Célia pelo escorregadio Dr. Esborracha (fragmento "127. RABANADA E SUITE" e "128. CHIFRES"), e com o processo judicial por adultério (fragmentos "142. LENGA-LENGA" e "141. O GRANDE DIVORCIADOR"). Miramar termina o romance sozinho, depois da morte de seu amigo Brito (fragmento "149. BRITICIDIO") e da mulher Célia (fragmento "156. BATEM SINOS POR D. CÉLIA"). Retira-se para meditar sobre seu destino, dividido entre seu próprio isolamento e o moralismo absurdo do Dr. Mandarim Pedroso e de Pôncio Pilatos da Glória. O episódio final decisivo é a entrevista (fragmento 163) na qual João se recusa a fazer comentários sobre suas memórias recentemente escritas. Dessa forma, os momentos decisivos no desenvolvimento de João documentam seu fracasso em aplicar os princípios de mobilidade e descoberta ao contexto social brasileiro que está tão em desacordo com suas novas atitudes em desenvolvimento.

Na estruturação horizontal do romance, Oswald de Andrade relaciona visões críticas diferentes no agrupamento dos fragmentos em três partes. As memórias cronológicas delineiam o desenvolvimento vagaroso da experiência e da consciência de João. Com as aventuras e com a mobilidade de suas viagens, Miramar tenta não apenas definir seu próprio caráter mas também separar, de maneira crítica, o Brasil da Europa. O contexto social local é parodiado em termos que contrastam com as viagens de Miramar e com o seu novo sentido de liberdade, ao mesmo tempo em que acontecimentos cruciais na sua vida predizem o fracasso num mundo hostil a suas novas perspectivas. O agrupamento horizontal dos fragmentos cria uma colagem de imagens delineadas pelo tema e, em menor estágio, pelo estilo de narração. Tais grupos são, talvez, a ligação mais forte entre as *Memórias Sentimentais* e a ficção mais tradicional. Os pequenos capítulos nos romances de Machado de Assis também seguem padrões de organização desenvolvidas em torno das vidas dos personagens principais. Contudo, os padrões críticos em Miramar devem ser descobertos dentro do total da colagem de imagens. Cada padrão abre uma visão crítica no romance, relacionada com outras visões, através de um plano consistente, baseado na memória irônica de João Miramar. Embora a estrutura crítica do romance possa ser organizada pelo leitor, os fragmentos independentes dominam a obra com sua sátira e ironia constantes. Através dos fragmentos, Oswald de Andrade realiza a arte de crítica, que é inflexivelmente aplicada a cada parte da obra.

Em todas as visões críticas, João Miramar continua a ser o denominador de cada fragmento. Sua experiência pode ser, finalmente, resumida tão sucintamente quanto a própria experiência de Oswald: "Viajei, fiquei rico, fiquei pobre, casei, divorciei, enviuvei, viajei..." [37] De jovem poeta inocente da escola de D. Matilde, Miramar chega à ironia épica das suas viagens, sozinho e alienado. É um "herói desastrado tendo por instrumento principal o riso" [38] cuja consciência crítica desenvolve-se através da experiência e do ato de escrever memórias. Contudo, não há introspecção ou análise psicológica nas *Memórias Sentimentais*. Os fragmentos revelam, através da documentação, o melhor e o pior do seu passado. Suas visões críticas resultam das estruturas críticas objetivas nas memórias.

---

37. A descrição que Oswald faz de si mesmo foi reproduzida em artigos comemorativos em *O Estado de São Paulo*, em outubro de 1964.

38. Ver nota 34, p. 97.

As viagens de Miramar são descobertas constantes, unindo fantasia a realidade, que o levam a rejeitar os valores tradicionais do seu passado sentimental e a descobrir a liberdade de expressão de um novo caráter, num caminho de reação irônica à sua vida passada "burguesa e conformista" [39]. Miramar descobre um sentido de poesia nas colagens e na poesia em prosa que evocam suas viagens. Depois do seu retorno ao Brasil, submete à paródia um mundo social e profissional cujos valores estão completamente divorciados do novo século. Contudo, João Miramar não pode se libertar do mundo, ou viver as novas perspectivas adquiridas nas suas viagens poéticas. A consciência crítica com que o narrador maduro escreve suas memórias marca o fim do seu desenvolvimento no romance. Mas é também o começo criativo e crucial para a expressão de um novo sentido de caráter e nacionalidade que ele representa. João Miramar, o herói em busca de um caráter, descobre os novos princípios de mobilidade, liberdade, síntese e simplicidade através do mundo crítico e fragmentado das *Memórias Sentimentais*. A consciência crítica que desenvolve se tornará um princípio de revolta em *Serafim*.

---

39. ANTÔNIO CÂNDIDO, "Oswald Viajante", p. 91.

3. SERAFIM PONTE GRANDE E A REVOLTA ANTROPOFÁGICA

Em seu segundo romance escrito em estilo de prosa fragmentária, *Serafim Ponte Grande,* Oswald de Andrade constrói uma arte da paródia dirigida à sociedade brasileira mediante o manuseio de 203 pequenos fragmentos semelhantes àqueles usados em *Memórias Sentimentais de João Miramar.* Embora o mundo do romance seja similar ao de Miramar, os fragmentos são concebidos com maior liberdade e independência, o que chama atenção para a estrutura: "o *Serafim* de Oswald de Andrade, como o *Tristram* de Sterne, é um livro que, desde logo, põe em discussão a sua estrutura"[1]. Enquanto *Miramar* dá ênfase às renovações lingüísticas dentro de uma estrutura discreta, *Serafim* chama atenção para sua composição formal, principalmente de duas maneiras: dando maior independência aos fragmentos, em termos do desenvolvimento tradicional de um livro de memórias e agrupando-os em onze grandes seções que definem o uso da paródia na obra como um todo. Em contraste com a série de fragmentos numerados de *Miramar,* os de *Serafim* compõem seções maiores e com títulos que

1. HAROLDO DE CAMPOS, "Serafim: Um Grande Não-Livro", p. 104.

retratam a vida e as aventuras de Serafim fazendo uma caricatura de diferentes estilos literários:

> Se no *Miramar* a grande inovação se punha sobretudo no nível da sintaxe da escritura... aqui é a *grande sintagmática* da narrativa que merece a atenção especial do autor[2].

Embora a paródia e a sátira agressiva digam respeito, no romance, à vida de Serafim Ponte Grande, o tema de revolta contra as normas se revela sobretudo pela experiência feita pelo autor em termos de estrutura literária. Em *João Miramar,* Oswald de Andrade fez uso de fragmentos isolados a um só tempo para retratar e satirizar o mundo retórico em que João amadureceu. Ao tentar desenvolver seu estilo vanguardista em *Serafim Ponte Grande,* Oswald de Andrade criou onze grupos de fragmentos para parodiar o caráter e as viagens de Serafim. Contrastando com o uso de análise e de inferência em *Miramar,* a paródia de tema estruturada em padrões novos mostra a revolta de Serafim contra o mundo e contra ele mesmo, propondo assim uma visão crítica da realidade. Ao mesmo tempo, a escritura fragmentária mantém a estrutura básica de um livro de memórias, como em *Memórias Sentimentais:* a história da vida de Serafim, o mundo social e profissional, as viagens para a Europa e o Oriente Médio, e os princípios de mobilidade e mudança.

Dentro dos pontos de vista críticos do mundo do romance, a organização da vida de Serafim torna-se coerente apenas através da estruturação satírica das grandes seções, a que Haroldo de Campos chama de *sobre-sintagmas*. Existem onze dessas unidades, compostas de um

---

2. *Idem*, p. 104.

número variado de pequenos fragmentos que levam os seguintes títulos: "Recitativo", "Alpendre", "Filhinha Conjugal", "Testamento de um legalista de fraque", "No elemento sedativo", "Cérebro, coração e pavio", "O meridiano de Greenwich", "Os esplendores do Oriente", "Fim de Serafim", "Errata" e "Os Antropófagos". Essas seções organizam-se segundo a mesma abordagem que Oswald de Andrade utilizou em *Pau-Brasil,* em que nove unidades com título agrupam os poemas-fragmentos por tema e orientam a interpretação de toda a obra [3]. Em *Serafim,* os onze grupos moldam a leitura do romance como faziam capítulos tradicionais. Cada um deles, contudo, parodia um estilo literário diferente ao mesmo tempo em que fornece uma estrutura livre para a variedade de fragmentos individuais. Poder-se-ia considerar que os chamados *sobre-sintagmas* formam uma visão sincrônica (ou vertical) da vida e do mundo de Serafim. Por outro lado, vistas em conjunto as onze unidades seguem a cronologia do desenvolvimento e das viagens de Serafim. Através da hipérbole e da sátira essas onze unidades pintam os temas básicos do romance: revolta, mobilidade e utopia. Desse modo, lidos com continuidade, os *sobre-sintagmas* facultam uma leitura diacrônica (ou horizontal) da vida de Serafim. Encarado sob essas duas abordagens, um estudo da escritura fragmentária em *Serafim* mostrará como Oswald de Andrade criou estruturas satíricas ao mesmo tempo em que mantinha o arcabouço básico da vida e da época de Serafim.

---

3. Outros críticos como Geraldo Ferraz, mostraram que *Pau--Brasil* se enquadra no padrão criativo dos dois romances experimentais: "O ciclo se inicia com o 'João Miramar', passa pelos poemas de 'Pau-Brasil'' fala-se em 'Serafim Ponte Grande'."

Os fragmentos isolados em *Serafim* dão variedade e direção às memórias por meio de uma colagem de estilos diferentes, independentemente do grande grupo a que pertencem. Em "Recitativo", por exemplo, Serafim se apresenta como um personagem em um drama, cuja missão é transformar:

> A paisagem desta capital apodrece. Apareço ao leitor. Pelotari. Personagem através de uma vidraça. De capa de borracha e galochas. Foram alguns militares que transformaram a minha vida. Glória dos batizados! Lá fora, quando secar a chuva, haverá o sol [4].

A pose teatral de Serafim representa sua luta e seu isolamento cômico, como se as memórias fossem um palco para suas ações.

Em "Alpendre", os fragmentos são lançados como se fossem impressões de Serafim sobre sua infância e sua adolescência através de paródias estilísticas. "Primeiro contato de Serafim e a malícia" brinca com um jogo de palavras associado a um versinho de escola. A intenção maliciosa se amplia em "20 anos depois", em que a palavra crucial — "bonificação" — sugere a "fortuna mal-adquirida" que Oswald de Andrade atribui a Serafim no prefácio do romance. O título ambíguo "Recordações do país infantil" introduz um poema-fragmento com as observações de uma criança, bem semelhante aos fragmentos iniciais de *João Miramar*:

> O trem vai vendo o Brasil
> O Brasil é uma República Federativa

---

4. OSWALD DE ANDRADE, *Obras Completas 2: Memórias Sentimentais* e *Serafim Ponte Grande*, Rio de Janeiro, Editora Civilização Brasileira, 1971. Todas as citações são tiradas dessa edição. *Serafim Ponte Grande* é, a partir de agora, citado como *SPG*.

cheia de árvores e de gente dizendo
adeus.
Depois todos morrem

O recurso ao subentendido escrito com a simplicidade de uma criança também faz lembrar os poemas de *Primeiro caderno*. O tratamento poético em *Serafim* pode ser comparado ao tipo de designação e descrição usadas em "infância":

> O camisolão
> O jarro
> O passarinho
> O oceano
> A visita na casa que a gente sentava no sofá [5].

"Paráfrase de Rostand" é característico daqueles fragmentos que são paródias, como esse poema no estilo sentimental *fin-de-siècle* de Edmond Rostand. A sátira de Oswald, assinada com o anagrama "Mifares", termina com a rima inconveniente e sugestiva para "abundas".

"Vacina Obrigatória" revela, em um estilo de teatro bufo que parodia dramas morais, os problemas amorosos de Serafim. O título faz referência às vacinações que, em certa época, foram impostas no Brasil, em grande medida para proteger de doenças as classes abastadas da sociedade, e à vacina metafórica, moral, do casamento:

> Lalá — (soluçando) — Serafim, escolha... ou você casa
>   comigo ou eu vou para o alcouce!
> Serafim — Isso nunca!
> Vozes: Então casa! casa! casa! (p. 145)

---

[5]. OSWALD DE ANDRADE, *Primeiro Caderno do Aluno de Poesia Oswald de Andrade*, in *Poesias Reunidas O. Andrade*, São Paulo, Difusão Européia do Livro, 1966, p. 144.

O fragmento antecipa a peça *A Morta* de Oswald, em que figuras abstratas, tais como "A autoridade" e "Uma voz", clamam contra a rotina e a estagnação da sociedade.

Em "Folhinha Conjugal", Serafim narra sua vida de casado em um diário pessoal. Aquilo que considera como digno de registro por si mesmo parodia seus contatos sociais superficiais e suas pretensões literárias. "O Terremoto Doroteu" introduz, no estilo das crônicas jornalísticas, Dorotéia Gomes, a amante de Serafim:

> Não há mais modéstia que me impeça de afirmar que o único rebento sobrevivente de minha falecida família floriu numa grande e formosa artista.
> Chama-se Dorotéia Gomes, é declamadora *diseuse* e acaba de, para bem das musas, fixar residência em São Paulo, na Pensão Jaú. (p. 158)

A sátira é acentuada pela "análise" de Serafim de seu desenvolvimento com D. Lalá e Dorotéia em uma confissão literária pseudo-profunda:

> O fato é que minha vida está ficando um romance de Dostoievski.
> Por causa de Dorotéia vejo tudo possível para mim: Tribunais, Cadeias, Manicômios, Cadeiras Elétricas, etc., etc. (p. 162).

Em "Testamento de um legalista de fraque", Serafim narra sua crescente alienação do mundo social em uma paródia de ficção popular e realista:

> O meu país está doente há muito tempo. Sofre de incompetência cósmica... Quantas revoluções mais serão necessárias para a reabilitação balística de todos os brasileiros? [6]

---

6. *SPG*, p. 168.

"Noticiário", um relato jornalístico sobre a alienação política de Serafim, com sobretons astrológicos — "Serafim... conseguira movimentar o seu canhão... coincidência da aproximação de Marte..." — é seguido por paródias de literatura panfletária em o "Ensaio de apreciação nirvanista" e o "Intermezzo".

Quando começam as viagens de Serafim, em o "Elemento Sedativo", a narração muda para a terceira pessoa. Os fragmentos seguem o estilo da literatura de viagens dos séculos XV e XVI, e por vezes aproximam-se de um tom picaresco que transforma a viagem em pretexto para a comédia. Haroldo de Campos vê um tom paralelo em *Peregrinação*[7] de Fernão Mendes Pinto. Descrições contemporâneas da vida a bordo de um viajante abastado são resumidas em "Poesia de bordo" e "Movietone". A "Poesia" parodia o verso nostálgico, inclusive a ortografia anacrônica: "... Assi a noute cai... Assi a noute vai".

Os quarenta e seis fragmentos em que se contam aventuras de Serafim na Europa são únicos por sua justaposição de cartas, diálogos, poesia e teatro em uma colagem crítica. Os fragmentos são intitulados, como em *Miramar,* mas diferem das impressões de João sobre a Europa pelo maior uso de diálogo e de estilo teatral. Além disso, as viagens de Serafim são frouxamente unidas pela paródia da ficção romântica em "Cérebro, coração e pavio", que lembra o título de uma obra do escritor português Camilo Castelo Branco[8].

---

7. HAROLDO DE CAMPOS, "Serafim" p. 113.
8. O título assemelha-se ao de CAMILO CASTELO BRANCO, *Cérebro, Coração e Estômago.*

Nos cinco fragmentos de "O Meridiano de Greenwich", Oswald parodia os romances de "capa e espada" fazendo sua construção partir do encontro casual com Dona Solanja a bordo do navio. Os "capítulos" levam a um fantasioso encontro fatal entre Solanja e Dorotéia Gomes, que disputam as atenções de Serafim, na sua imaginação. A paródia termina de maneira típica com um tiroteio de vingança e um linchamento justificado.

"Os Esplendores do Oriente" retratam as viagens de Serafim pelo Oriente Médio em um estilo excessivamente descritivo e que sugere mistério. A poesia em prosa, característica de *Miramar,* é reintroduzida:

> O Bar Bristol entre cindros e cadeiras
> sírias era um paralítico inocente
> atravessado de um cão policial onde o príncipe
> negro preparava o crevel nômade dos
> cruzados globetrotters e políglotas (p. 235).

A seção se conclui com registros dos diários de duas "giris d'hoj em dia" que Serafim persegue: Caridad-Claridad e Pafuncheta. Suas relações íntimas podem ser comparadas, dentro da estrutura do romance, ao "Intermezzo", na medida que ambos são fragmentos que encerram uma fase na vida de Serafim: "Intermezzo" conclui sua formação brasileira ao passo que os diários encerram suas viagens em uma colagem de estilos.

O retorno simbólico de Serafim ao Brasil é marcado pelo poema-fragmento final do romance. Este fragmento vincula o retorno necessário à realidade e à identidade com a liberdade de expressão adquirida através de suas viagens e fantasias:

> Fatigado
> Das minhas viagens pela terra
> De camelo e táxi

> Te procuro
> Caminho de casa
> Nas estrelas
> Costas atmosféricas do Brasil
> Costas sexuais
> Para vos fornicar
> Como um pai bigodudo de Portugal
> Nos azuis do clima
> Ao solem nostrum
> Entre raios, tiros e jabuticabas [9].

Nos fragmentos finais, Oswald combina paródias de primeiras crônicas e narrativas de viagem coloniais com descrições: "Pau-Brasil" de São Paulo ("Pregação e Disputa", "Chave de Ouro"). Seu retorno, assim, torna-se representativo de todas as chegadas ao Novo Mundo, ao passo que o próprio Serafim é transformado em um mártir da independência em um nível ideológico e histórico mais amplo. O plano de composição de Oswald é o mesmo que Bosi observou em *Pau-Brasil:*

O plano que norteou *Pau-Brasil* foi o de transpor, nesse estilo de síntese violenta, não só o espaço moderno da nação, como o faz nas partes intituladas "RPI", "Carnaval", mas também a sua vida pré-colonial e colonial. Daí, a junção de modernismo e primitivismo que... define a visão do mundo e a poética de Oswald [10].

Assim como as justaposições históricas de *Pau-Brasil*, as unidades satíricas de *Serafim* transformam-se em metáforas de um novo descobrimento do Brasil pelo "antropófago civilizado" Serafim Ponte Grande.

Uma provável origem para a paródia estilística em algumas das grandes unidades de *Serafim* pode ser a

---

9. *SPG*, p. 251.
10. ALFREDO BOSI, *História Concisa*, p. 405.

"Novela em fragmentos" do escritor português Antônio Ferro, que tomou parte ativa no movimento modernista brasileiro [11]. Seu romance *Leviana,* provavelmente escrito no Brasil, foi publicado em Lisboa e no Rio de Janeiro em 1921, o mesmo ano em que circulou seu manifesto literário, *Nós.* O comentário de Oswald de Andrade em "Informe sobre o Modernismo" ("Foi preciso chamar Antônio Ferro de gênio...") dá evidência da importância de suas conferências e de seu estilo literário para os jovens inovadores brasileiros. Isso, além do contato que Ferro representava com o Futurismo português [12]. O romance curto *Leviana,* dedicado a Pedro de Menezes, é dividido em treze unidades, nas quais um narrador anônimo usa fragmentos escritos em diferentes estilos para descrever seu relacionamento com a sensual e contraditória Leviana. Os treze "capítulos" fazem uso de citações ("Frases da Leviana"), diário ("Trinta dias de prisão"), cartas e notas ("Cartas, fragmentos de cartas, bilhetes"), narrativa realista ("Retalhos") e diálogo ("O rompimento"). Particularmente em suas descrições, Antônio Ferro faz o mesmo uso do símile que Oswald de Andrade em *Miramar* e *Serafim*: "O seu rosto era um ângulo agudo. Os seus olhos eram dois gatos castanhos..." [13] O uso das cores pode ser comparado à descrição que Oswald faz de Caridad-Claridad:

Os seios da Leviana... eram duas dedadas sanguíneas no muro branco do seu peito (*Leviana*).

11. Cf. ANTÔNIO FERRO, seleção, prefácio e comentários de ANTÔNIO QUADROS, Lisboa, Edições Panorama, 1963. E' também ANTÔNIO FERRO, *Leviana: Novela em Fragmentos,* Lisboa e Rio de Janeiro, H. Antunes, 1921.
12. Antônio Ferro foi colega de escola de Mário de Sá Carneiro e teve contato com Fernando Pessoa através da publicação de *Orfeu.* Veja nota 11.
13. FERRO, *Leviana,* p. 11.

Caridad acordou como um tomate nos lençóis (*Serafim*) [14].

O romance de Oswald poderia ser considerado uma sátira do mau gosto e da sentimentalidade exagerada que há em *Leviana* de Antônio Ferro. Contudo, o uso de fragmentos variados pode ter influenciado Oswald. Por exemplo, "Trinta dias de prisão" em *Leviana* pode ser comparado ao "Folhinha Conjugal" de *Serafim:*

UM DE ABRIL — Parece que é bom ter um diário. Dá a impressão que se pensa... Fazer frases é, afinal, fazer coracóis. A alma também se friza [15].

A carta anônima de Antônio Ferro poderia ser o modelo tradicional para a "Réplica" de Dona Branca Clara em *Serafim:*

Exmo. Sujeito
Está tudo acabado entre nós. Mande-me as minhas cartas. Escusas de pedir as suas. Tenho-as utilizado nos meus cabelos, todas as manhã, em papelotes.

Tua para sempre, perdão
minha, por algum tempo, Fulana [16].

Em 1922, Antônio Ferro já tinha consciência do papel de Oswald na Semana de Arte Moderna, que mais recentemente descreveu como se segue: "Oswald de Andrade, papão da burguesia, manifestava os primeiros apetites da sua antropofagia" [17].

A versatilidade de *Serafim Ponte Grande* reside na indeterminação deliberada de suas formas satíricas. Os

14. *Leviana,* p. 11. Compare com "Os Esplendores do Oriente", *SPG,* pp. 233-48.
15. *Leviana,* p. 51.
16. *Leviana,* p. 86.
17. Veja nota 11. Citado em QUADROS.

fragmentos individuais, unidades básicas do romance, expressam a vida e a experiência em um arranjo crítico de estilos que inclui rimas, diálogos, poesia, teatro, narração na primeira e na terceira pessoa, diários, crônicas, jornalismo, ensaios e cartas. Os fragmentos produzem visões em *close-up* das aventuras cômicas de Serafim, traçando os principais passos cronológicos que o levaram a rejeitar sua formação e a rebelar-se contra os valores socialmente aceitos. As onze grandes unidades estruturais em Serafim, os *sobre-sintagmas,* podem ser lidos como "capítulos", na medida que cada uma delas é composta de fragmentos em estilos diferentes sob a máscara de paródia literária — tal como a *novelett*e de "capa e espada" em "O Meridiano de Greenwich" ou o diário íntimo em "Os Esplendores do Oriente". Valendo-se das grandes unidades, Oswald pôde abandonar a simplicidade da cadeia de fragmentos de *Miramar* por um retrato mais dramático das aventuras de Serafim. Poder-se-ia acrescentar que as onze unidades formam retratos cubistas — exatamente como os grupos aparentemente não-estruturados em *Miramar* [18] — através dos fragmentos individuais multifacetados que contribuem para fantasias ou para uma visão satírica da realidade. Cada *sobre-sintagma* sugere, assim, um modo de interpretar o mundo novelesco por meio das paródias que transformam a experiência de Serafim. Por causa desta variação em sua apresentação vertical, Haroldo de Campos chamou *Serafim* de romance feito de fragmentos de livros "Um... não-livro de fragmentos de livro" [19].

18. A indeterminação da forma distingue *Serafim* de outro romance experimental escrito no mesmo período — *Macunaíma* de MÁRIO DE ANDRADE.
19. HAROLDO DE CAMPOS, "Serafim", p. 107.

No uso daquilo que chama de *sobre-sintagmas*, Haroldo de Campos vê uma tentativa de substituir os capítulos da ficção tradicional por peças literárias independentes:

> No sintagma de grau máximo... que é *Serafim* visto como todo... podemos distinguir, diferenciadas até pela caracterização gráfica, em lugar dos usuais capítulos de romance, e em lugar ainda das peças soltas, dos fragmentos de "antologia" do *Miramar*, as *grandes unidades* ..., dotadas de relativa autonomia [20].

Mas o objetivo de Oswald não é simplesmente duplicar a estrutura de capítulos dando-lhe mais conteúdo independente. Ao invés disso, Oswald dispõe quadros descontínuos do mundo do romance, ou das próprias fantasias de Serafim, segundo uma sátira caracteristicamente de vanguarda. Lida isoladamente (ou verticalmente), cada grande unidade cria um romance hipotético em que Serafim faz um papel. Ao mesmo tempo, o desenho temático do romance pode ser encontrado na ordem fundamentalmente cronológica (ou horizontal) dos *sobre-sintagmas*, baseados na vida do herói, a viagem e sátira do mundo social e de suas perspectivas típicas. Comparados a grupos de fragmentos em *João Miramar*, as grandes unidades esboçam a vida de Serafim em três fases: sua formação em São Paulo, suas viagens e o mito e a fantasia de seu retorno ao Brasil:

Formação
    I — "Recitativo"
    II — "Alpendre"
    III — "Folhinha Conjugal"
    IV — "Testamento"

20. *Idem*, p. 108.

Viagens

V — "No Elemento Sedativo"
VI — "Cérebro, Coração e Pavio"
VII — "O Meridiano de Greenwich"
VIII — "Os Esplendores do Oriente"

Retorno

IX — "Fim de Serafim"
X — "Errata"
XI — "Os Antropófagos"

Embora *Serafim Ponte Grande* não tenha sido publicado até 1933, foi escrito entre 1924-1928. É, pois, obra contemporânea do manifesto e da poesia "Pau-Brasil" e estava sendo revisto em 1928, época em que Oswald publicou seu "Manifesto Antropofágico". Pode-se dizer que Serafim representa o auge não só da experimentação vanguardista de Oswald de Andrade como também de suas idéias modernistas:

Ambas as obras (*Miramar* e *Serafim*) correm paralelas às poéticas do "Pau-Brasil" e da "Antropofagia" no sentido de satirizar o Brasil da "aristocracia" cafeeira aburguesada nas grandes capitais (e como tal são intencionalmente corrosivos) ... [21]

Em Serafim convergem a sátira, a necessidade de transformar valores e a busca de identidade, que eram preocupações principais de *Miramar* e do "Manifesto da Poesia Pau-Brasil", e o devoramento de todos os valores, princípio fundamental do "Manifesto Antropofágico". Desse modo, *Serafim Ponte Grande* representa a conclusão da sátira e do não-conformismo em Oswald. An-

---

21. Bosi, *História Concisa*, p. 403.

tônio Cândido vê no romance uma ruptura radical com o mundo modernista. "Só em 29 o 'Serafim' estoura, rompendo com o mundo em que vivera" [22]. Oswald de Andrade mais tarde chamou sua obra de o *"grand-finale do mundo burguês entre nós"* [23]. No prefácio do romance escrito em 1933, em que rejeita muitas de suas idéias e identidades passadas, Oswald oferece o romance como evidência de sua própria formação modernista: "Um documento. Um gráfico... Necrológio da burguesia. Epitáfio do que fui" (p. 133). Para outros leitores, contudo, a importância do romance em 1933 reside na decisão de Oswald de publicá-lo como uma obra de vanguarda:

A publicação de *Serafim Ponte Grande* é assim um ato revolucionário, mas que deve ser, antes literariamente considerado, pela ressurreição que representa ... do escritor em sua forma melhor cuidada, em sua expressão mais coruscante de um expressionismo virulento, adotando a mais completa e conseqüente maneira literária que jamais aconteceu neste país. O ato revolucionário não está na explicação do prefácio; está na publicação do livro, em sua forma autêntica [24].

O romance também poderá ser considerado como uma conseqüência natural da sátira e do humor das experiências de *João Miramar*.

A escritura fragmentária em *Miramar,* a que *Serafim* deu continuidade, já foi considerada como uma abordagem revolucionária da composição: "A composição mesma do romance é revolucionária: São capítulos-instantes, capítulos-relâmpagos, capítulos-sensações" [25]. Antônio

---

22. ANTÔNIO CÂNDIDO, "Estouro e Libertação", p. 21.
23. OSWALD DE ANDRADE, "Antes do Marco Zero", *Ponta de Lança*, p. 45.
24. Veja GERALDO FERRAZ, "Oswald de Andrade: Uma Apologia e Um Libelo".
25. BOSI, *História Concisa*, p. 404.

Cândido insere o romance no método fragmentário que Oswald iniciou em *Os Condenados,* embora marcado por muito maior descontinuidade e flexibilidade: *"O Serafim* foi um *intermezzo* mais sincopado dessa técnica levada nele até à elipse, a língua adquirindo um valor telegráfico" [26]. O estilo "telegráfico" de Oswald envolve as mesmas técnicas poéticas usadas nos textos históricos de *Pau-Brasil.* Contudo, o estilo mais variado dos fragmentos de *Serafim* fez com que o romance fosse chamado de "... produção libérrima, do quase romance..." [27] *Serafim* passou a ser um ponto de controvérsia para a crítica brasileira nas primeiras tentativas desta para definir a obra:

Talvez romance — poema — carnet de viagem — certamente, porém, laborioso repositório de trocadilhos — exuberante anedotário de grossa vulgaridade pedantesca — *record* da graça "caixeiro-viajante" [28].

Os muitos tipos diferentes de pequenas formas levaram Antônio Cândido a dar ênfase à sátira e à síntese não-ortodoxa do romance:

em o equilíbrio conseguido nas "Memórias Sentimentais", prende-nos por ser um estouro rabelaisiano, espécie de Suma Satírica da sociedade capitalista em decadência... [29]

Oswald de Andrade leva a descontinuidade e a sátira a tais extremos nos fragmentos de *Serafim* que, recentemente, a obra tem sido interpretada como um anti-romance, em que os fragmentos existem numa liberdade

26. Antônio Cândido, "Estouro e Libertação", p. 25.
27. João Ribeiro, *A Crítica: Os Modernos,* p. 97.
28. Andrade Muricy, "Oswald de Andrade", *A Nova Literatura Brasileira,* p. 373.
29. Antônio Cândido, "Estouro e Libertação", p. 23.

anárquica: "a vocação mais profunda da empresa oswaldiana: fazer um não-livro, um antilivro..."[30] Mais significativamente, a abordagem da forma que Oswald faz em *Serafim* corresponde a uma avaliação recente da Semana de Arte Moderna, que ligaria o romance aos desenvolvimentos mais vigorosos do movimento: "Ela (A Semana) tinha realmente um impulso, um élan, uma expansão de vida, um inconformismo..."[31] Através da paródia estilística variada, a revolta desinibida de Serafim contra a rotina e as restrições ilustra sobejamente os princípios duais de renovação do "Manifesto Antropofágico": "A unificação de todas as revoltas eficazes na direção do homem" e "A experiência pessoal renovada"[32]. O novo vínculo entre a estrutura e a paródia mostra como o romance combina a mais completa expressão da prosa vanguardista de Oswald com o que ele considera o auge da ideologia modernista:

A Antropofagia foi na primeira década do Modernismo, o ápice ideológico, o primeiro contato com nossa realidade política porque dividiu e orientou no sentido do futuro[33].

Por levar a efeito a "revolução Caraíba" através da sátira, *Serafim* tem sido reavaliado como a obra modernista mais significativa na ficção, "O maior livro produzido pelo Modernismo brasileiro em ficção..."[34]

30. HAROLDO DE CAMPOS, "Serafim", p. 106.
31. ANTÔNIO HOUAISS, Para ser grande, este País não pode ter Medo das Idéias, *Visão*, 28 de fevereiro de 1972, p. 117.
32. OSWALD DE ANDRADE, "Manifesto Antropofágico", in *Oswald de Andrade: Trechos Escolhidos*, pp. 96, 101.
33. OSWALD DE ANDRADE, "O Caminho Percorrido", *Ponta de Lança*, p. 96.
34. Veja nota 24.

As aventuras de Serafim expressam a necessidade de mudança social, considerada como um princípio do modernismo de Oswald:

> Oswald... lutou pela mudança dos costumes sociais e políticos, numa ânsia de contribuir para a libertação do homem e do seu pensamento ético e estético [35].

A sátira social do romance é mais direta e violenta do que quaisquer outras investidas literárias jamais feitas contra o *status quo* no Brasil, "... a mais poderosa aplicação da sátira social... no Brasil" [36]. Quando, em 1929, Oswald de Andrade ressumiu seu "Movimento Antropofágico" para a imprensa, revelou, parcialmente, o tema crítico do romance que recentemente havia terminado: "Contra o homem econômico de Marx — a realidade opõe o antropófago turista, o homem perdulário" [37]. Serafim irrompe para fora do mundo burguês e burocrático em que era "professor de geografia e ginástica" e passa a exercer seus talentos em viagens burlescas. Com seu "temperamento luxurioso, mentalidade lúbrica e imaginação pornografica" [38], Serafim se rebela contra uma sociedade restritiva — que corresponde à descrição de São Paulo que Oswald mandou da Europa, em 1925, por telegrama: "Hoje São Paulo cidade triste acabrunhada experiência revoluções arranha-céus quem tivesse idéia acender vela Triângulo seria preso" [39]. As

---

35. Mário da Silva Brito, Pensamento e Ação de Oswald de Andrade, *Revista Brasiliense* (março/abril de 1958), pp. 135-36.
36. Veja nota 24.
37. Entrevista com Oswald de Andrade reproduzida em *História e Crítica da Poesia Brasileira*, pp. 228-34.
38. Saul Borges Carneiro, "Serafim Ponte Grande", *Boletim de Ariel*, II, n.º 12 (setembro de 1933), p. 312.
39. Prefácio para *Pathé Baby*, São Paulo: Hélios, 1926, Antônio de Alcântara Machado.

viagens satíricas voltam-se para o mundo social contemporâneo, uma história de conformismo e de repressão:

A vida chata, sensual, estúpida, terra-a-terra, cheia de pequeninas ambições de gozos efêmeros de burguesia encontra em *Serafim* uma síntese acabada [40].

A paródia ridiculariza não só um mundo social regimentado em categorias econômicas, que Oswald conhecia bem, mas também tipos e perspectivas sociais representados por personagens tipo. As aventuras picarescas que levam Serafim do Brasil à Europa e ao Oriente Médio apontam para mudança e mobilidade como temas. No entanto, o ideal representado por essas viagens não é tanto um ideal de "plenitude" ou de "redenção" — sugeridas por Antônio Cândido [41] — mas antes um ideal de livre expressão, dificultado pela tradição, pela família, pelo Estado, pela propriedade, pelas classes, etc. A mudança se faz pela inversão do mundo bem-ordenado de João Miramar em favor da preocupação primitivista com liberdades instintivas. Vivendo com suas intelecções, imaginações e sonhos, os passageiros a bordo do transatlântico "El Durazno" representam a "humanidade liberada" (p. 264) — pela rejeição da rotina e da lógica costumeiras. Isolam-se, permanentemente, da "falta de imaginação das pessoas civilizadas" (p. 263) e evitam os portos cuidadosamente policiados declarando haver uma doença contagiosa a bordo.

Por seu enfoque original e não-ortodoxo da paródia, *Serafim* destaca-se na carreira de Oswald — "o acontecimento mais sensacional na sua carreira de ficcio-

40. SAUL BORGES CARNEIRO, *op. cit.*, p. 312.
41. Veja nota 22.

nista"[42]. Contudo, como experimentado de escritura e estrutura fragmentárias, o romance tem, na verdade, relações muito próximas com *João Miramar*: "Ora, o *Serafim Ponte Grande* ... outra coisa não fez senão levar às conseqüências necessárias o experimento do *João Miramar*"[43]. Em seu ensaio pioneiro, Antônio Cândido relacionou os dois romances por seu estilo e atitudes:

... um tom másculo de revolta, sátira, demolição, subversão de todos os valores, esboçado nas admiráveis "Memórias Sentimentais de João Miramar" e culminando no fragmento de grande livro que é "Serafim Ponte Grande"[44].

Mais recentemente, Antônio Cândido chamou esses dois livros de "o par ímpar"[45]; mas ninguém dedicou-se ainda a destacar a profunda semelhança estrutural entre as duas obras.

Como João, Serafim viaja do Brasil para a Europa e descobre um irônico contraste de perspectivas. O próprio Oswald descreve como o contato com a Europa só fez aumentar sua preocupação com a identidade nacional:

Em 22, o mesmo contato subversivo com a Europa se estabeleceu para dar força e direção aos anseios subjetivos nacionais, autorizados agora pela primeira indústria... [46]

O mundo social de *Serafim* inclui tipos paralelos àqueles existentes em *Miramar*. Como nas *Memórias Sentimentais*, o "fio condutor" básico do romance — a vida de Serafim — deve ser traçado em uma progressão de pequenos fragmentos que parodiam suas experiências.

42. ANTÔNIO CÂNDIDO, "Estouro e Libertação", p. 22.
43. HAROLDO DE CAMPOS, "Miramar na Mira", p. 12.
44. ANTÔNIO CÂNDIDO, "Estouro e Libertação", p. 14.
45. ANTÔNIO CÂNDIDO, "Digressão Sentimental", p. 78.
46. OSWALD DE ANDRADE, "O Caminho Percorrido", *Ponta de Lança*, p. 94.

Tais semelhanças têm levado alguns críticos a considerar *Serafim* como uma continuação ou uma nova versão de *João Miramar*.

E, contudo, o sentido cômico da revolta de Serafim, fundido em um modo diferente de trabalhar os fragmentos e a narração, possui marcada originalidade, em contraste com *Miramar*. Os muitos estilos diferentes de que o autor lança mão em *Serafim* criam uma distância entre o personagem principal, suas aventuras e o mundo social. A narração na terceira pessoa também contribui para afrouxar o vínculo entre Serafim e suas aventuras, de tal modo que ele se torna uma figura mais representativa do que era o jovem poeta Miramar, que narrou suas próprias memórias. Embora Serafim atue em um mundo semelhante ao de Miramar, seu papel não é, basicamente, um papel de crítica ou de análise, mas de ação satírica. Sua alienação assume o tom de uma fantasia ao longo dos fragmentos variados, chamados de "estrutura carnavalesca" [47], e através dos onze romances em potencial representados pelos *sobre-sintagmas*.

O personagem de Serafim Ponte Grande é, em muitos sentidos, um prolongamento de João Miramar. A educação sentimental do jovem poeta, que se fez inclusive pelo ato de escrever suas memórias, continha o germe da auto-consciência crítica e da sátira social. Sua consciência crítica evolui incorporando a nova perspectiva de "Pau-Brasil" — "sentimental, intelectual, irônica, ingênua" [48]. A natureza crítica de Miramar, embora reprimida por convenções, é favorecida por seu não-con-

---

47. Citação de Haroldo de Campos com referência a *Serafim* (in "Serafim"), tirada de M. BAKHTIN, *Dostoeviski / Poetica e Stilistica*, tradução em italiano (Turim, Einaudi, 1968).
48. OSWALD DE ANDRADE, "Manifesto da Poesia Pau-Brasil", p. 92.

formismo poético e suas aventuras sensuais. Com *Serafim Ponte Grande,* as críticas sociais já esboçadas em *Miramar* avançam do não-conformismo à revolta: a fuga de Serafim da rotina pela viagem é uma resposta à análise que João faz da sociedade brasileira. A evolução de Serafim é descrita no prefácio de 1933:

> O brasileiro à-toa na maré alta da última etapa do capitalismo. Fanchono. Oportunista e revoltoso. Conservador e sexual. Casado na polícia. Passando de pequeno-burguês e funcionário climático e dançarino e turista. Como solução, o nudismo transatlântico (p. 133).

Assim, o romance traça um desenvolvimento ideológico, que se prolonga do "jovem poeta" com suas perspectivas críticas até a revolta do "antropófago turista" Serafim Ponte Grande. Nesse sentido, Serafim pode ser interpretado como uma continuação de João Miramar.

Em outro sentido, contudo, Serafim existe simultaneamente a João Miramar e traça uma segunda vez o modelo de suas experiências. Serafim encontra o mesmo mundo social que Miramar conheceu e seu romance segue os passos de sua própria educação, suas viagens e seu retorno como aconteceria em um livro de memórias. Como personagem, Serafim desenvolve abertamente o não-conformismo e a sensualidade que permaneceram em grande medida não-desenvolvidos em Miramar. Serafim é gerado pela natureza de Miramar e expressa o que havia de latente ou reprimido no herói das *Memórias Sentimentais*. A análise satírica da sociedade feita por Miramar permanecia encoberta por uma visão jovem e ingênua do seu mundo, só se tornando aparente ao longo de um desenvolvimento gradual. Serafim, contudo, se apresenta como um personagem teatral que interpreta múltiplos papéis, consumando assim a perspicácia corrosiva e a inteligência veladas de João. Serafim exterioriza os *insights* e as críticas de Miramar como se fosse a personificação das qualidades picarescas de João. Poderia desse modo ser interpretado como um outro lado de João Miramar que representa a revolta potencial de João contra a própria formação e origem. Embora não seja tão bem delineado, Serafim possui um virtuosismo e uma natureza ativa que só se percebem nas viagens de João. Faltam-lhe a sensibilidade, a abertura e o sentido do detalhe de Miramar, mas através da ação Serafim expressa a liberdade que Miramar conhece apenas através de perspectivas críticas. Serafim revela, assim, um lado potencial de João Miramar por uma representação mais dinâmica da natureza que é inerente a este.

A caracterização em *Serafim Ponte Grande* é complementar à das *Memórias Sentimentais*. O mundo novelesco inclui noventa e seis personagens que integram nas aventuras de Serafim ou tomam parte na paródia estilística, embora existem apenas uns onze personagens principais envolvidos na vida do protagonista. Como em Miramar, os primeiros personagens introduzidos no romance são membros da família ou amigos de Serafim, o que dá relevo à unidade fundamental do romance. Outros entram como parte de esboços satíricos, enfatizando o papel fundamental da paródia nessa obra.

Como nas *Memórias Sentimentais,* todos os personagens são personagens tipo, inclusive Serafim. Além disso, existe em *Serafim* uma contrapartida para cada tipo encontrado nas *Memórias Sentimentais*. Contudo, em *Serafim,* a sátira está centrada nos tipos escolhidos para as aventuras do herói: a coquete Dona Lalá, com quem o protagonista é forçado a se casar; a dançarina Dorotéia

Gomes; a rainha da beleza Dona Branca Clara; e a ingênua Dona Solanja. As façanhas de Serafim são acompanhadas pelo vil João Ramos Pinto Calçudo, que é posto para fora do romance quando suas aventuras se tornam mais atraentes que as do próprio Serafim:

— Diga-me uma coisa. Quem é neste livro o personagem principal? Eu ou você?

Pinto Calçudo como única resposta solta com toda a força um traque, pelo que é imediatamente posto para fora do romance (p. 193).

Os personagens remanescentes podem ser agrupados como tipos segundo as categorias que seguem:

Família: Astiages (Pombinho), Benevides, D. Bataclina Benevides, D. Lalá.

Amizades e Amores: Bankurst, Ernesto Pires Birimba, D. Branca Clara, Caridad-Claridad, Dinorah, Dorotéia Gomes, Lili, Celestino Manso, Matatias, Pafuncheta, José R. G. Pinto Calçudo, Polpuda, D. Solanja, Tonico.

Mundo profissional: Aguiar Nogueira, Sen. Bemvindo, D. Vespucinho Bemvindo, Bicuda, Dr. Carlos Bretas, Benedito Calixto, B. P. Carlindoga, Castanheta, Gorda Cochinchina, Dr. Costa Brito, Seu José, Justiniano, Kobler, Kuk, Seu Pascoal, Raymo, Major Duna Sabre, Dr. Salgadinho, Comendador Salles, Dr. Sigismundo, Dr. Telles Siqueira, Barão Taparento, Dr. Voronoff.

Mundo social: Amelia, Amelinha, Dr. Avary, Batatinha, Beatriz, Belmiro, Bombeiro, Carolina, Padre Carrao, Cecilia, Chipette, Adelina Cinira, Dedê, Seu Ephigenio, Sr. Esparramado, D. Ester Filomena, D. Guiomar,

Helena, Henriqueta, Hippolito, Ignacio, Diva Ismenia, Jack, Jacquy, Lulú Jangada, Joaninha, Kathe, Lino, Seu Mandioca, Pétula, Oalá, Claudino Rios, Salomão, Tzatza, Madame Xavier.

"Artistas": Mme. Firmina, Carlos Florencio, Pires de Mello, Adauta B. Schubert.

Viajantes a bordo: Quiromante de Marselha, Comandante, Contramestre, Paulino Guedes, Guardião, Jota-Pilato, Capitão Leão, Mariquinhas, Mestre, Último Hamlet.

Os personagens dão ao romance um verdadeiro panorama de tipos, geralmente satirizados por seus nomes: a *girl d'hoj em dia* Caridad-Claridad; o grande psiquiatra Dr. Sigismundo; D. Adauta B. Schubert, da Sociedade de Música. Contudo, em *Serafim* os personagens não são significativos individualmente mas apenas como parte de grupos satíricos. Parcela fundamental da caracterização, portanto, se configura dentro dos onze grandes grupos *de* fragmentos e é parte de uma visão vertical do romance. Os poucos personagens que transitam de um grupo para outro são a família ou os amigos de Serafim, que põem em cena a sátira e o tema.

O estilo documentário usado em *Miramar* para apresentar um personagem através de suas próprias cartas, discursos ou comentários é também empregado em *Serafim*. A sátira de personagens individuais não é tão importante em *Serafim,* na medida que se alcança um estilo objetivo através da narração em terceira pessoa e de uma paródia cheia de imaginação. Apenas a grande seção "Cérebro, Coração e Pavio" faz uso extensivo de cartas, citações, diálogo e poesia.

Paralelamente ao mundo de personagens, *Serafim Ponte Grande* inclui um elenco de setenta e quatro figuras históricas, personagens míticos ou de obras de ficção que são mencionados como parte do *background* cultural e ideológico do romance. Tais figuras dão ênfase às dimensões satíricas:

Almeida, G.	Deus
Anastásio, São	Dostoievski
Andrade, G.	Dumas, Filho
Andrade, M.	Dumas, Pai
Aquino, São Tomás de	Ellis, Havelock
Bartolomeu, São	Fausto +
Beuve	Filho, Domingos Ribeiro
Bilac +	Fontes, Martins
Bórgia, César	Fradique Mendes
Calixto, Benedicto	Freud
Camões	Graça Aranha
Carlitos	Guido, São
Carpentier, Georges	Hugo, Victor
Casanova	Ícaro +
Cendrars	Jesus Cristo
César	João d'Acre, São
Cleópatra +	João VI
Cocteau +	Jocelyn
Coelho Neto	Kant
Colombo, Cristóvão	Leme, D.
Constant, Benjamin	Machado de Assis
Corneville	Marat
Daniels, Bebé +	Maria, Virgem +
Dante	Marx, Karl

Maupassant
Médici +
Medusa
Meller, Raquel
Melo, Custódio de
Menezes, Emílio de
Montoya
Moisés
Narciso
Negri, Pola
Noé
Pacha, Kemal +
Pacômio, São

Pedro I +
Picasso +
Proust
Queirós, Eça de
Rio, João do
Santos, Marquesa dos
Schmidt, Augusto F.
Solimão
Swanson, Gloria
Teodora
Tomaz, São
Valentino, Rodolfo
Vieira [49].

Embora nas *Memórias Sentimentais* haja uma exposição semelhante de personagens históricos, míticos e de ficção, apenas onze são comuns aos dois livros. Enquanto que, em *Miramar,* muitos nomes são flagrantemente históricos e políticos, em *Serafim* têm importância as figuras religiosas e literárias. Tal distribuição sugere que o tratamento satírico em *Serafim* é mais amplo do que em *Miramar*.

Existem em Serafim dois esquemas de tempo principais que espelham as estruturas horizontal (diacrônica) e vertical (sincrônica) e a dupla interpretação de Serafim como personagem. Um nível de tempo é cronológico e acompanha a história da vida de Serafim, mas isso apenas na medida que as grandes unidades constituem *sobre-sintagmas* traça o desenvolvimento pessoal e ideológico de Serafim em uma espécie de viagem que

[49]. Os nomes assinalados com "+" também aparecem em *João Miramar*.

começa com seu "nascimento" e adolescência ("Recitativo" e "Alpendre"), seu casamento forçado ("Folhinha Conjugal"), e sua carreira burocrática ("Testamento de um Legalista de Fraque"). Suas viagens no transatlântico "Rompe-Nuve" manifestam sua revolta contra o passado e sua expatriação ("No Elemento Sedativo") e o levam por exóticas perambulações que comemoram uma liberdade psicológica e física ("Os Esplendores do Oriente"). Seu ataque final, cômico-revolucionário, ao *establishment* brasileiro ("Fim de Serafim") leva à viagem utópica do "El Durazno", que culmina com a transformação ideológica de Serafim ("Os Antropófagos"). O tempo no romance pode ser medido segundo essas estruturas cronológicas mas descontínuas.

Um segundo nível de tempo pode ser visto na leitura vertical de cada grande grupo, em que um estilo artificial parodia os padrões comuns da experiência de Serafim. Unidades como "Folhinha Conjugal" e "Testamento de um Legalista de Fraque" expressam clichês sociais comuns, em voga na época. A apresentação, em cada grupo, do não-conformismo de Serafim constitui um sentido de tempo abstrato, pois os *fragmentos de livros* são também fantasias em que Serafim vive segundo determinados arranjos esteriotipados ou imaginários de expressões. Tais visões verticais de sua vida poderiam pertencer a tempos históricos e a estilos diferentes, no entanto, cada uma delas é, provavelmente, tirada da própria imaginação de Serafim na qual este revê sua vida. O personagem é lançado como uma figura abstrata que representa a luta pela liberdade ética e estética em estilos e momentos diversos. Esta postura, fora de um esquema de tempo objetivo, enfatiza mais ainda seu papel como um fugitivo das condições e restrições normais do mundo do romance. Nesse esquema de tempo vertical, de múltiplos níveis, *Serafim Ponte Grande* pode ser interpretado como fragmentos de livros potenciais em que Serafim fantasia o retrato de sua vida em estilos literários diferentes. Mediante uma abordagem livre do tempo como essa, Serafim expressa temas de mobilidade e mudança em um contexto mais universal.

Para trazer à tona a estrutura profunda do romance, as onze grandes unidades podem ser organizadas em grupos temáticos que retratam a vida de Serafim com base em três esquemas organizacionais: sua vida cronológica, seu desenvolvimento ideológico e suas viagens. Através dessas divisões mais amplas, os motivos da prosa vanguardista de Oswald de Andrade podem ser vistos atuando na estrutura de *Serafim Ponte Grande*.

Cronologicamente, as onze unidades podem ser agrupadas, com algumas limitações, segundo etapas da vida de Serafim. "Alpendre", "Folhinha Conjugal" e "Testamento" registram seu amadurecimento, desde a infância, passando por seu casamento precoce e seu emprego. Em suas viagens não há qualquer referência de tempo, excetuando-se o título satírico "Meus 40 Anos". A trajetória cronológica de suas aventuras termina em "Fim de Serafim" quando este é eletrocutado na tentativa de bombardear a imprensa colonial e o Serviço Sanitário. Esse padrão de vida está, contudo, subordinado a esquemas baseados em viagens e desenvolvimento ideológico.

As viagens de Serafim são decisivas para o delineamento do romance. Como em *João Miramar,* as viagens dividem o romance em três partes principais que acentuam o contraste entre Brasil e Europa. Como ilustração, depois das quatro primeiras grandes unidades, Serafim parte em viagens satíricas nos quatro *sobre-sintagmas* seguintes. As três unidades finais começam com o retorno de Serafim ao Brasil e concluem sua revolta com uma viagem utópica. Essa divisão em três partes torna-se a estrutura fundamental do romance. Explica o caráter de Serafim e projeta a sociedade do futuro antecipada no "El Durazno":

Sobre-sintagmas

I   Parte Um: *Background* brasileiro
II
III
IV

V   Parte Dois: Viagens
VI
VII
VIII

IX   Parte Três: Retorno ao Brasil
X
(XI)

Do estilo confessional das quatro primeiras unidades, o romance muda para o diário de bordo épico do "Rompe-Nuve". Serafim explora novas liberdades na poesia documentária de "Cérebro, Coração e Pavio" e o "Misterioso Oriente": "Caridad acordou como um tomate nos lençóis. Estava na cama de nosso herói. Escreveu 'Gemi'!" Contrastantemente, o retorno de Serafim é narrado na terceira pessoa.

Um estudo da distribuição dos pequenos fragmentos do romance por *sobre-sintagma* mostra que nas unidades que falam das viagens de Serafim há uma colagem de pequenos fragmentos:

Sobre-sintagmas		Número
I	"Recitativo"	1
II	"Alpendre"	7
III	"Folhinha"	83
IV	"Testamento"	6
V	"No Elemento"	26
VI	"Cérebro"	41
VII	"O Meridiano"	5
VIII	"Os Esplendores"	29
IX	"Fim de Serafim"	4
X	"Errata"	1
XI	"Os Antropófagos"	1

As seções mais fragmentadas de *Serafim* desenvolvem a revolta ideológica e geográfica contra valores pré-estabelecidos. As inovações estruturais no romance estão, desse modo, vinculadas aos momentos mais significativos na experiência de Serafim — as viagens simbólicas.

A divisão tripartite do romance também se prende ao desenvolvimento ideológico de Serafim, já que o contraste entre Brasil e Europa é a chave de sua revolta contra a sociedade além de explicar até certo ponto as razões políticas e psicológicas que o compeliram a se exilar. A expressão de liberdade através da paródia estilística projeta Serafim como um protótipo modernista do aventureiro romântico que busca um tipo diferente de vida.

Na primeira das três partes do romance, Serafim revela o descontamento que finalmente o afasta de D.

Lalá e de seu emprego, levando-o a apontar seu canhão, do alto de um arranha-céu, na direção da casa de seu patrão na periferia da cidade. Dessa maneira, a primeira das três partes principais do romance desenvolve a alienação de Serafim no sentido de uma preparação cômica para a revolta. Em "Folhinha Conjugal", por exemplo, Serafim se cansa de seu arranjo doméstico com D. Lalá:

Domingo
Lalá me envelhece. Mas também me galvaniza. Tenho ímpetos de largar esta gaita e dar o fora. Uma fora sensacional!
Sábado
Lalá passou mal a noite. Não morreu.

Comentários que faz de passagem registram a crueldade anônima da vida urbana:

Quarta-feira
Visita de pêsames ao vizinho, Seu Manduca, que perdeu a esposa, atropelada por um automóvel imprudente. Está inconsolável.

Serafim parodia as generalizações loquazes de seu patrão, Carlindoga — "O País só pode prosperar dentro da Ordem, Seu Serafim!" — e é talvez ingenuamente levado por seu contato com o irrascível Pinto Calçudo, que é a contrapartida de José Chelinini em *Miramar*:

Terça-feira
Idéias de Pinto Calçudo.
— Para defender a liberdade de pensamento, eu iria às barricadas!
Eu também

Embora essa primeira das três partes principais do romance constitua uma paródia das próprias observações de Serafim, é nela, contudo, que se traça sua alienação.

Depois de suas viagens, a terceira das três partes do romance conclui as implicações ideológicas da revolta do protagonista. A descrição de Serafim em "Fim de Serafim" corresponde também a uma visão de autor de Oswald de Andrade, apontando para a verossimilhança básica que há até mesmo na fantasia final de seus romances de vanguarda: "Nosso herói tende ao anarquismo enrugado"[50]. O retorno final de Serafim a São Paulo encerra suas aventuras no estilo de teatro melodramático:

> Acocorado sobre o seu arranha-céu, depois de luzir de limpo o seu canhão, ensaia dois tiros contra o quartel central de polícia romântica de sua terra. Fogueteiro dos telhados, ameaça em seguida a imprensa colonial e o Serviço Sanitário.
>
> Descobrem-no, identificam-no, cercam-no. Os bombeiros guindam até escadas o pelotão lavado dos Teatros e Diversões.
>
> O povo formiga dando vivas à polícia. Ele cairá nas luvas brancas dos seus perseguidores (p. 252).

Esse final cômico de Serafim termina o romance-como-teatro e conduz à conclusão final da viagem utópica em "Os Antropófagos".

Em "Os Antropófagos", Pinto Calçudo, que primeiro deu a Serafim idéias de liberdade, volta para liderar um pequeno grupo de viajantes do navio "El Durazno" em uma viagem permanente que simboliza sua oposição à civilização "moral" dominante. A sociedade a bordo do "El Durazno" representa uma utopia de livre expressão criada para opor-se aos costumes do que Oswald chama depreciativamente de "Civilização Ocidental": "Estavam em pleno oceano mas tratava-se de

---

50. Em uma conversa com o autor em fevereiro de 1972, Helena Silveira descreveu Oswald como se segue: "O Oswald sempre foi um anarquista".

uma revolução puramente moral"[51]. Sua viagem é uma resposta ao anarquismo de Serafim — "foi-lhes impossível qualquer composição de ditadura natural a bordo" — e um prolongamento de sua revolta contra a rotina — "... Pinto Calçudo... energicamente protestou contra... a falta de imaginação dos povos civilizados". (p. 263). Pela viagem final de "El Durazno", Serafim chega aos princípios do "Manifesto Antropófago":

> A luta entre o que se chamaria Incriado e a Criatura — ilustrada pela contradição permanente do homem e o seu Tabu. O amor cotidiano e o modus-vivendi capitalista. Antropofagia[52].

Na viagem, Antônio Cândido vê as bases para uma atitude de permanente revolução através de uma "viagem permanente"[53]. A sociedade a bordo do "El Durazno" declara haver peste a bordo de modo a assegurar seu isolamento, numa inversão de definições típica de sua nova maneira de pensar.

> Passaram a fugir o contágio policiado dos portos, pois que eram a humanidade liberada. Mas como radiogramas reclamassem, *El Durazno* proclamou pelas antenas peste a bordo (p. 264).

Em seu "Manifesto Antropofágico", Oswald de Andrade explica o significado dessa irônica peste a bordo: "Peste dos chamados povos cultos e cristianizados, é contra ela que estamos agindo. Antropófagos"[54]. A viagem final do "El Durazno" provê, assim, uma conclusão para a vida de Serafim, contrastando, ao nível do mito, valores primitivistas com a moralidade imposta e a cultura importada da Europa.

51. Cf. *SPG*, p. 219. O ensaio de Oswald *A Marcha das Utopias* é também construído com base em generalizações históricas.
52. "Manifesto Antropofágico", p. 102.
53. ANTÔNIO CÂNDIDO, "Oswald viajante", p. 91.
54. Veja nota 52.

A resposta do "El Durazno" para o problema da liberdade que Serafim corporifica envolve um tema que constantemente preocupou Oswald de Andrade em seus últimos ensaios. Oswald tentou aplicar o ideal de Huizinga de *Homo ludens* à sociedade brasileira de modo a reconciliar o trabalho e a organização social do homem com sua imaginação, seus sonhos e sua liberdade de pensamento fundamentais. A viagem final em *Serafim Ponte Grande* é um ponto de partida, do não-conformismo estético do modernismo de Oswald de Andrade, para seus últimos ensaios filosóficos sobre Antropofagia e Utopia:

> Oswald vislumbrava uma nova Idade de Ouro, uma cultura antropófago-tecnológica, na qual o homem natural tecnizado, sob a égide do matriarcado... redescobrirá a felicidade social e o ócio lúdico, propício às artes [55].

Para além da crítica social e da sátira, *Serafim Ponte Grande* é a celebração de um estado de espírito baseado na livre expressão e na crítica aberta de todos os valores. Antônio Cândido interpreta o tema do romance como uma busca da liberdade:

> Libertação é o tema do seu livro de viagem por excelência, *Serafim Ponte Grande,* onde a crosta da formação burguesa e conformista é varrida pela utopia da viagem permanente e redentora, pela busca da plenitude através da mobilidade [56].

A imaginação e o espírito livres de Serafim, ao satirizar o homem e suas idéias, se aproximam de um sentido de comédia na literatura que tem sido comparado ao espírito de *Pantagruel* e *Ubu-Rei*:

> Tinha algo de Jarry, inventor de *Ubu-Rei* e do *Sur-Mâle*. E seu *Serafim Ponte Grande* é uma dessas criações que a gente

55. CAMPOS, "Serafim", p. 127.
56. Veja nota 53.

não esquece, pela violência rabelaisiana de sátira, a destruir um mundo de atitudes e idéias que merece realmente ser espandongado [57].

A divisão tripartite baseada nas viagens de Serafim ganha maior validade no contexto da viagem mítica final, que conclui, ideologicamente, o romance. Tal divisão integra a estruturação satírica em *sobre-sintagmas* com o conteúdo temático das viagens. Haroldo de Campos interpretou os *sobre-sintagmas,* segundo a transgressão da norma por parte de Serafim e sua sanção:

1.º MOVIMENTO
  a) situação inicial (I, II, III)
  b) transgressão da ordem (IV)
  c) fuga (IV, V, VII, VIII)
  d) perseguição e punição (IX)

2.º MOVIMENTO
  b1) nova transgressão da ordem (X, XI)
  c1) fuga e impunidade (XI) [58].

Um delineamento complementar, e talvez mais claro, do romance pode ser baseado num padrão de viagem e retorno, que é decisivo tanto em *Miramar* quanto em *Serafim*. Mais do que uma "nova transgressão da ordem", a volta de Serafim ao Brasil em "b1" é a conclusão necessária ao ataque preparado com seu canhão em "Noticiário", antes de seu vôo-fantasia nos *sobre-sintagmas* IV-VIII. Dentro da divisão tripartite de Serafim, a análise estrutural que Haroldo de Campos faz do romance poderia ser proposta de novo nos seguintes termos:

---

57. CARLOS DRUMMOND DE ANDRADE, "O Antropófago", *Fala Amendoeira*, Rio de Janeiro, José Olympio, 1957, p. 236.
58. Veja nota 55, p. 124.

PARTE I — *Background* brasileiro
a) situação inicial (I, II, III)
b) alienação e revolta (IV)

PARTE II — Viagens
c) fuga, mobilidade e fantasia (V-VIII)

PARTE III — Retorno ao Brasil
b1) rebelião e morte (IX, X)
c1) mito e utopia (XI)

A viagem do "El Durazno" é a conclusão para a análise e a paródia do mundo de *Miramar-Serafim,* ocupando, em *Serafim,* uma posição que é paralela ao "descanso meditativo" final de Miramar. A visão de utopia de Oswald é uma resposta para a nova perspectiva corporificada no tema da viagem em ambas as obras.

Serafim Ponte Grande cria um teatro móvel em que Serafim atua em múltiplos papéis satíricos. Nos fragmentos em que atua, Serafim expressa os valores de espontaneidade e instinto elaborados no "Manifesto Antropófago". Sua livre expressão, dentro da fantasia de viagens, desenvolve os princípios iniciais de mobilidade, síntese e simplicidade que caracterizaram as *Memórias Sentimentais de João Miramar* e o "Manifesto da Poesia Pau-Brasil". A revolta de Serafim, desenvolvida através da estruturação satírica do romance, dá continuidade à consciência crítica de João Miramar com a celebração de um estado de espírito aberto baseado na livre expressão e na crítica de todos os valores. Em *Serafim Ponte Grande,* esse estado de espírito é comunicado através da paródia constante de fórmulas sociais e literárias e do tema da viagem, que expressa **imaginação**, sonhos e liberdade de pensamento.

Coleção ELOS

1. *Estrutura e Problemas da Obra Literária*, Anatol Rosenfeld.
2. *O Prazer do Texto*, Roland Barthes.
3. *Mistificações Literárias: "Os Protocolos dos Sábios de Sião"*, Anatol Rosenfeld.
4. *Poder, Sexo e Letras na República Velha*, Sergio Miceli.
5. *Do Grotesco e do Sublime*. (Tradução do "Prefácio" de *Cromwell*), Victor Hugo (Trad. e Notas de Célia Berrettini).
6. *Ruptura dos Gêneros na Literatura Latino-Americana*, Haroldo de Campos.
7. *Claude Lévi-Strauss ou o Novo Festim de Esopo*, Octavio Paz.
8. *Comércio e Relações Internacionais*, Celso Lafer.
9. *Guia Histórico da Literatura Hebraica*, J. Guinsburg.
10. *O Cenário no Avesso (Gide e Pirandello)*, Sábato Magaldi.
11. *O Pequeno Exército Paulista*, Dalmo de Abreu Dallari.
12. *Projeções: Rússia/Brasil/Itália*, Bóris Schnaiderman.
13. *Marcel Duchamp ou o Castelo da Pureza*, Octavio Paz.
14. *Os Mitos Amazônicos da Tartaruga*, Charles Frederik Hartt (Trad. e Notas de Luís da Câmara Cascudo).
15. *Galut*, Izack Baer.
16. *Lenin: Capitalismo de Estado e Burocracia*, Leôncio Martins Rodrigues e Ottaviano De Fiore.
17. *Círculo Lingüístico de Praga*.
18. *O Texto Estranho*, Lucrécia D'Aléssio Ferrara.
19. *O Desencantamento do Mundo*, Pierre Bourdieu.
20. *Teorias da Administração de Empresas*, Carlos Daniel Coradi.
21. *Duas Leituras Semióticas*, Eduardo Peñuela Cañizal.
22. *Em Busca das Linguagens Perdidas*, Anita Cevidalli Salmoni.
23. *A Linguagem de Beckett*, Célia Berrettini.
24. *Política, Jornalismo e Participação*, José Eduardo Faria.
25. *Idéia do Teatro*, José Ortega y Gasset.
26. *Oswald Canibal*, Benedito Nunes.
27. *Mário de Andrade/Borges*, Emir Rodríguez Monegal.
28. *Poética e Estruturalismo em Israel*, Ziva Ben Porat e Benjamin Hrushovski.
29. *A Prosa Vanguardista na Literatura Brasileira, 1922/29*, Kenneth David Jackson.
30. *Estruturalismo: Russos x Franceses*, N. I. Balachov.

Este livro foi composto
e impresso nas oficinas da
IMPRENSA METODISTA